北京大学"双一流"建设成果
方李邦琴北京大学人文学科文库出版基金赞助

北京大学人文学科文库 | 北大对外汉语研究丛书

汉语二语者书面语体习得研究

Research on the Acquisition of Formal Style of CSL Learners

汲传波 著

图书在版编目(CIP)数据

汉语二语者书面语体习得研究 / 汲传波著 .—北京：北京大学出版社，2024.1

（北京大学人文学科文库 . 北大对外汉语研究丛书）

ISBN 978-7-301-34530-6

Ⅰ.①汉… Ⅱ.①汲… Ⅲ.①汉语 – 书面语 – 对外汉语教学 – 教学研究 Ⅳ.① H195.3

中国国家版本馆 CIP 数据核字 (2023) 第 189882 号

书　　　名	汉语二语者书面语体习得研究 HANYU ERYUZHE SHUMIAN YUTI XIDE YANJIU
著作责任者	汲传波
责 任 编 辑	孙艳玲
标 准 书 号	ISBN 978-7-301-34530-6
出 版 发 行	北京大学出版社
地　　　址	北京市海淀区成府路 205 号　100871
网　　　址	http://www.pup.cn　　新浪微博：@北京大学出版社
电 子 邮 箱	zpup@pup.cn
电　　　话	邮购部 010-62752015　发行部 010-62750672 编辑部 010-62753374
印 刷 者	北京中科印刷有限公司
经 销 者	新华书店
	650 毫米 ×980 毫米　16 开本　14.25 印张　205 千字 2024 年 1 月第 1 版　2024 年 1 月第 1 次印刷
定　　　价	58.00 元

未经许可，不得以任何方式复制或抄袭本书之部分或全部内容。

版权所有，侵权必究

举报电话：010-62752024　电子邮箱：fd@pup.cn

图书如有印装质量问题，请与出版部联系，电话：010-62756370

总　序

袁行霈

人文学科是北京大学的传统优势学科。早在京师大学堂建立之初，就设立了经学科、文学科，预科学生必须在五种外语中选修一种。京师大学堂于1912年改为现名，1917年，蔡元培先生出任北京大学校长，他"循思想自由原则，取兼容并包主义"，促进了思想解放和学术繁荣。1921年北大成立了四个全校性的研究所，下设自然科学、社会科学、国学和外国文学四门，人文学科仍然居于重要地位，广受社会的关注。这个传统一直沿袭下来，中华人民共和国成立后，1952年北京大学与清华大学、燕京大学三校的文、理科合并为现在的北京大学，大师云集，人文荟萃，成果斐然。改革开放后，北京大学的历史翻开了新的一页。

近十几年来，人文学科在学科建设、人才培养、师资队伍建设、教学科研等各方面改善了条件，取得了显著成绩。北大的人文学科门类齐全，在国内整体上居于优势地位，在世界上也占有引人瞩目的地位，相继出版了《中华文明史》《世界文明史》《世界现代化历程》《中国儒学史》《中国美学通史》《欧洲文学史》等高水平的著作，并主持了许多重大的考古项目，这些成果发挥着引领学术前进的作用。目前北大还承担着《儒藏》《中华文明探源》《北京大学藏西汉竹书》的整理与研究工作，以及《新编新注十三经》等重要项目。

　　与此同时,我们也清醒地看到,北大人文学科整体的绝对优势正在减弱,有的学科只具备相对优势了;有的成果规模优势明显,高度优势还有待提升。北大出了许多成果,但还要出思想,要产生影响人类命运和前途的思想理论。我们距离理想的目标还有相当长的距离,需要人文学科的老师和同学们加倍努力。

　　我曾经说过:与自然科学或社会科学相比,人文学科的成果,难以直接转化为生产力,给社会带来财富,人们或以为无用。其实,人文学科力求揭示人生的意义和价值、塑造理想的人格,指点人生趋向完美的境地。它能丰富人的精神,美化人的心灵,提升人的品德,协调人和自然的关系以及人和人的关系,促使人把自己掌握的知识和技术用到造福于人类的正道上来,这是人文无用之大用!试想,如果我们的心灵中没有诗意,我们的记忆中没有历史,我们的思考中没有哲理,我们的生活将成为什么样子?国家的强盛与否,将来不仅要看经济实力、国防实力,也要看国民的精神世界是否丰富,活得充实不充实,愉快不愉快,自在不自在,美不美。

　　一个民族,如果从根本上丧失了对人文学科的热情,丧失了对人文精神的追求和坚守,这个民族就丧失了进步的精神源泉。文化是一个民族的标志,是一个民族的根,在经济全球化的大趋势中,拥有几千年文化传统的中华民族,必须自觉维护自己的根,并以开放的态度吸取世界上其他民族的优秀文化,以跟上世界的潮流。站在这样的高度看待人文学科,我们深感责任之重大与紧迫。

　　北大人文学科的老师们蕴藏着巨大的潜力和创造性。我相信,只要使老师们的潜力充分发挥出来,北大人文学科便能克服种种障碍,在国内外开辟出一片新天地。

　　人文学科的研究主要是著书立说,以个体撰写著作为一大特点。除了需要协同研究的集体大项目外,我们还希望为教师独立探索,撰写、出版专著搭建平台,形成既具个体思想,又汇聚集体智慧的系列研究成果。为此,北京大学人文学部决定编辑出版"北京大学人文学科文库",旨在汇集新时代北大人文学科的优秀成果,弘扬北大人文学科的学术传统,展示北大人文学科的整体实力和研究特色,为推动北大世界一流大学建设、促进人文学术发展作出贡献。

我们需要努力营造宽松的学术环境、浓厚的研究气氛。既要提倡教师根据国家的需要选择研究课题,集中人力物力进行研究,也鼓励教师按照自己的兴趣自由地选择课题。鼓励自由选题是"北京大学人文学科文库"的一个特点。

我们不可满足于泛泛的议论,也不可追求热闹,而应沉潜下来,认真钻研,将切实的成果贡献给社会。学术质量是"北京大学人文学科文库"的一大追求。文库的撰稿者会力求通过自己潜心研究、多年积累而成的优秀成果,来展示自己的学术水平。

我们要保持优良的学风,进一步突出北大的个性与特色。北大人要有大志气、大眼光、大手笔、大格局、大气象,做一些符合北大地位的事,做一些开风气之先的事。北大不能随波逐流,不能甘于平庸,不能跟在别人后面小打小闹。北大的学者要有与北大相称的气质、气节、气派、气势、气宇、气度、气韵和气象。北大的学者要致力于弘扬民族精神和时代精神,以提升国民的人文素质为己任。而承担这样的使命,首先要有谦逊的态度,向人民群众学习,向兄弟院校学习。切不可妄自尊大,目空一切。这也是"北京大学人文学科文库"力求展现的北大的人文素质。

这个文库目前有以下17套丛书:
"北大中国文学研究丛书"(陈平原 主编)
"北大中国语言学研究丛书"(王洪君 郭锐 主编)
"北大比较文学与世界文学研究丛书"(张辉 主编)
"北大中国史研究丛书"(荣新江 张帆 主编)
"北大世界史研究丛书"(高毅 主编)
"北大考古学研究丛书"(沈睿文 主编)
"北大马克思主义哲学研究丛书"(丰子义 主编)
"北大中国哲学研究丛书"(王博 主编)

"北大外国哲学研究丛书"(韩水法 主编)
"北大东方文学研究丛书"(王邦维 主编)
"北大欧美文学研究丛书"(申丹 主编)
"北大外国语言学研究丛书"(宁琦 高一虹 主编)
"北大艺术学研究丛书"(彭锋 主编)
"北大对外汉语研究丛书"(赵杨 主编)
"北大古典学研究丛书"(李四龙 彭小瑜 廖可斌 主编)
"北大人文学古今融通研究丛书"(陈晓明 彭锋 主编)
"北大人文跨学科研究丛书"(申丹 李四龙 王奇生 廖可斌 主编)①

这17套丛书仅收入学术新作,涵盖了北大人文学科的多个领域,它们的推出有利于读者整体了解当下北大人文学者的科研动态、学术实力和研究特色。这一文库将持续编辑出版,我们相信通过老中青年学者的不断努力,其影响会越来越大,并将对北大人文学科的建设和北大创建世界一流大学起到积极作用,进而引起国际学术界的瞩目。

---

① 本文库中获得国家社科基金后期资助或入选国家哲学社会科学成果文库的专著,因出版设计另有要求,因此加星号注标,在文库中存目。

丛书序言

北京大学是中国最早开展汉语教学的高校之一。1947年，西语系王岷源为印度政府派往北大学习的11位学生教授汉语，是高校对外汉语教学的较早记录。中国成立专门的对外汉语教学机构是在1950年，当年清华大学成立了"东欧交换生中国语文专修班"，时任清华大学教务长兼校务委员会副主席、后来担任北京大学校长的著名物理学家周培源被任命为班主任，曾在美国担任赵元任先生助手、富有汉语教学经验的邓懿负责教学工作。1952年院系调整，清华大学东欧交换生中国语文专修班整体调入北京大学，更名为"北京大学外国留学生中国语文专修班"，原师资也转移到北大，班主任仍由周培源担任。

北大在对外汉语教学领域一直处于排头兵地位，产生了学界多个"第一"。1953年，著名语言学家周祖谟发表了题为《教非汉族学生学习汉语的一些问题》的文章，是新中国第一篇对外汉语教学论文。1958年，邓懿主编的《汉语教科书》由时代出版社出版，成为新中国第一部正式出版的供外国人使用的汉语教材，此后陆续出版了俄、英、法、德、西、日、印尼、印地、阿拉伯等多种语言的注释本。1984年，北大在全国率先成立"对外汉语教学中心"，简称"汉语中心"。2002年，北大成立"对外汉语教育学院"，2003年北大对外汉语教育学院成为全国首批对外汉语教学基地。

对外汉语教学的历史很短，作为一个学科的历史更短。1982年，对外汉语才被列入学科目录；1986年，教育部设立对外汉语硕士专业,北大汉语中心开始招收硕士生;1998年,教育部设立对外汉语博士专业,北大2006年开始招收博士生。

  对外汉语从诞生那一天起,就肩负学科建设和事业发展双重使命。2004年第一家孔子学院的建立,2005年世界汉语大会的召开,2007年汉语国际教育硕士专业学位的设立,都标志着对外汉语教学作为国家战略,进入了一个又一个新的发展阶段。然而,学科建设和事业发展应该同步,学科建设服务于事业发展,事业发展促进学科建设,两者互为助力,共同进步。近年来,汉语推广作为一项事业获得了巨大发展,这一点从孔子学院数量上可见一斑。到2016年年底,全球范围内共有512所孔子学院和1073所孔子课堂,遍布140个国家和地区。与此形成对照的是,对外汉语的学科建设亟待加强,基于其他语言特别是印欧语形成的教学和习得理论仍然一统天下,对外汉语在语言学及应用语言学学科内的话语权依然非常弱小。实际上,事业发展为学科建设创造了很好的条件。全球已有数以千万计不同母语背景的汉语学习者,对外汉语界学人可以利用有利条件,发现规律,形成理论,树立汉语作为第二语言的研究在应用语言学中的地位,建立学术话语权,为普通语言学做贡献,为中国语言文化的传播与推广做贡献。

  2016年,北大人文学部开始筹划建设"北京大学人文学科文库","北大对外汉语研究丛书"是其中的一个子系列。美籍华裔企业家、社会活动家、北京大学名誉校董方李邦琴女士设立了"方李邦琴北京大学人文学科文库出版基金",对文库丛书的出版予以资助。值得一提的是,方李邦琴女士也是北大对外汉语教育学院大楼的捐资人,大楼也以她的名字命名。我相信这套"北大对外汉语研究丛书"的出版,能够促进北大对外汉语学科的发展,使北大成为汉语作为第二语言理论与实践创新的基地,成为全球汉语教学与研究中心,成为应用语言学研究的一座高峰。对外汉语这个学科一定能成为矗立在燕园的一座学术高楼。

赵　杨
2017年8月

语体与语体教育

——序汲传波《汉语二语者书面语体习得研究》

汲传波发来他的新作《汉语二语者书面语体习得研究》，这是他2016年承担教育部规划基金项目的成果。在我的印象里，在第二语言学习的研究领域，关于语体（或称"文体"）研究的成果并不多，而留学生的语体偏误现象却比较普遍。语体教育，其实也包括语体本身，都是值得研究的课题。

传波为学同其为人，做研究素来扎实细致，不做"言之无物"之论，重视前贤时哲的研究，重视从事实中发现规律，重视将研究植根于泥土。他的这部著作，着重做了四个方面的工作：

第一，全面梳理语体论述。学问是集贤之举，需从前贤之论中汲取营养，需认真阅读同胞之书。关于语体，在我国，修辞学界较早关注，语法学界后来跟上；近年来两界汇流，相互借鉴，演发出语体研究的新进展新趋势。传波将修辞学界、语法学界的论述尽力搜集起来，必要时做些评述。资料集成，研究就有了根基，也是为学界做了一件公益。

第二，汇集、甄别语体标记现象。词、短语、格式等语言现象，常有语体色彩。有些只用于或常用于典型的口语语体，有些只用于或常用于典型的书面语体。从另一角度看，这些语言现象具有"语体标记"作用。许多学者都直接或间接地讨论过这类现象，如同珠子般四处散落。传波将其收集起来，仔细甄别，再经语料库验证,穿珠成串。并从中遴选出一部分作为研究工具,以之考察语体适配情况。

第三,研究语体学习的国别差异。传波利用多个语料库和语体测查工具,对日本、韩国和欧美留学生的汉语语体学习情况进行了国别研究,发现了"口语化有余、典雅度不足"这一普遍存在的现象和一些十分有趣的细节。比如:韩国留学生在学术汉语中,较少使用文言结构,个别专业名词过度泛化;与日本、欧美留学生相比,韩国留学生表现出典雅度最低、口语化程度也最低的"双低"现象;日语还在使用着一千多个汉字,但是日本留学生的书面语体却也有较强的"口语化",这与人们的直感不大相符;欧美学生书面语体的正式程度,竟然比日韩学生高。这些有趣细节,丰富了对语体学习情况的认识,为语体教育提供了启示,且也说明国别研究的重要性。

第四,提出语体教学意识。语体适配才能表达得体,这是语言交际的基本要求,也应成为对二语学习者的基本要求。但是,以往的汉语二语教学,对语体问题不太重视,也没有积累多少有效的教学经验,导致语体偏误现象的普遍存在。特别是学界近来又提出科技论文学习问题,语体教学就显得更为重要。传波在这部著作中,指出了教材中语体不对应现象和口语格式的收录等问题,提出教材编写和课堂教学都应重视语体问题。传波关于语体学习的国别研究还是个开始,研究的国别还不够多,比较的项目还不够细,但语体教学意识的提出,应引起学界的重视。

传波的研究使我进一步意识到,语体研究和语体教育的确都很重要。

在我的理解里,语体(文体)是受交际要素综合影响而在文本布局、遣词造句、美学风格等方面具有特色的文本(包括口语和书面语)类型。语言交际是在一定交际环境中进行的,交际环境包括交际者、交际工具、交际场景、交际背景等要素。在这些交际要素的综合作用下,人们在交际时会形成各具特色的话语。这些特色主要表现在三个方面:

第一,文本布局。不同语体的文本,有不同的起承转合的套路,有不同的叙事说理的章法。如各种体裁,记叙文、说明文、议论文、应用文等文章体裁,诗歌、小说、戏剧、散文等文学体裁,消息、通讯、新闻特写、新闻专访、新闻评论等新闻体裁,都各有文本布局要求。

第二,遣词造句。不同语体在遣词造句上有不同特点,有语体标记、专业术语、套话、韵律等方面的不同要求,有平均词长、词汇密度、型次比、平均句长等方面的倾向性,有述说习惯、真实虚构等方面的差异性。

第三,美学风格。风格受多种要素制约,只可体验、感受,难以具体言说,甚至有"风格即人"的说法。但是,不同语体还是常有风格方面的体现与要求。曹丕《典论·论文》:"奏议宜雅,书论宜理,铭诔尚实,诗赋欲丽。"刘勰《文心雕龙·定势》:"章表奏议,则准的乎典雅;赋颂歌诗,则羽仪乎清丽;符檄书移,则楷式于明断;史论序注,则师范于核要;箴铭碑诔,则体制于弘深;连珠七辞,则从事于巧艳:此循体而成势,随变而立功者也。"

语体是语言的交际功能变体。从古至今,随着语言生活的发展,特别是语言技术的进步,语体一直处在不断分化、不断丰富发展之中。文字产生之前,人类只有口头语体,从口语时代遗存下来的"荷马史诗"、《吉尔伽美什史诗》、《罗摩衍那》等史诗来看,从至今尚无文字的民族语言使用情况看,口语时代起码有"韵与非韵"的语体区别。文字创制,产生了书面语,人类进入文明时代。人与人之间的情感纠葛与社会关系复杂化,交际方式、交际场景多样化,为语体的分蘖提出了需求也创造了条件。口语瞬间即逝,而书面语可以反复加工润饰,文章加工润饰的经验能够作为知识传授,这便有了语文教育的基础。书面语产生之后,也产生了"识字人"这样的文化群体,"识字人"可以根据不同的语言使用场合,有意去形成不同的语言风格,进而形成不同的语体,形成适应各种不同语境的交际变体,这是语言功能丰富发展的重要标志。特别是印刷术的发明和报纸的出现,打破了知识垄断,语体进入了新的发展期。20世纪初,广播、电视、电影等有声媒体发展起来,21世纪,网络媒体发展起来,融媒体发展起来。语言生活更为丰富多彩,语言交际要素更为复杂多样,语体也如同雨后春笋般发展起来,因而语言交际更加精细,语言功能更能充分发挥。然而,语体研究并没有与时俱进,研究眼光、研究材料大约还处在平面媒体时代;有声媒体、网络媒体、融媒体的语体状况,甚至计算机写作的语体问题,都应进入研究视野,都应给以学理总结,成为新的语体知识进入教育。

认真说起来,一般所谓的语体应当分为两个层次:第一层次是与体裁、语域等较多关联的语体,具有较为具体的篇章布局要求,专业领域的词语、格式、套话要求,以及美学风格要求;第二层次是如同传波这部著作所采用的三分语体,即非正式语体(典型口语语体)、中性语体、正式语体(典型书面语体)。第二层次的语体是从"正式"与否的话语风格上对第一层次语体的概括,较为接近风格学范畴。

冯胜利先生近来把语体分为通俗、正式、庄典三大范畴,并且与《诗经》中的风、雅、颂三大范畴相见证。传波非常重视冯先生的语体研究,也涉及"庄典语体"(典雅语体),不过传波是将其并入正式语体中进行研究的。将其称为"典雅语体"还是"庄典语体",怎样分类合适,可以讨论,我这里想强调的是典雅语体(庄典语体)的"重建"问题。典雅书面语是具有典雅、庄重风格的极为正式的书面语,使用于典雅庄重的特殊交际场合,比如典礼、法庭判决、宗教活动等场合,比如法律文书、社论、贺信、悼词等文本。其用词和句式都是书面语,甚至是古语词和古代语法,有时甚至用特定的"文化语言",比如欧洲用拉丁语,佛教念经用梵语,伊斯兰教经典诵读用中古阿拉伯语,等等。典雅书面语更加重视形式,甚至是"形式大于内容",甚至连听众听懂与否也不大关心,如诵经、悼词、祭坛颂文等。而口语交际和一般书面语交际,都必须要求"形式与内容统一"。

典雅语体用在非常正式的交际场合,是语体中的高变体;口语体和一般书面语体用在日常交际场合,是常用语体。需要指出的是,早在清末民初现代汉语的形成时期,针对历史上文言文严重脱离口语的弊端,先辈们大力主张"我手写我口",大力提倡"言文一致"。这些主张及其带来的一系列行动,在新文化、新文学和现代汉语的历史发展中起了许多积极作用,但也留有遗憾,其中最大的遗憾就是典雅语体的丧失。随着传统文化在今日重获重视和当今社会的交际需要,现代汉语正在尝试重建典雅语体。有些大学用"半文言"发庆典公告,高考的"半文言"作文也得高分,便是典雅语体重建的信息,虽然对这些具体行为可以有不同看法。

语体研究是个大课题,语体教育也是个大课题。字词句篇,听说读写译,并不能完成语言教学任务,并不能保证学习者具有语体能力。特别是第一层次的语体与一些职业紧密关联,如新闻语体与新闻工作,科技语体与科技工作,等等;掌握语体不完全是语言能力问题,不仅仅是学会得体地甚至艺术地使用语言,已经牵涉到职业能力的培养。我国的语文教育,包括大学语文教育,应当重视语体教育,包括平面媒体之后的语体的教育,包括科技语体教育,包括典雅语体教育。

传波的研究也表明,来华留学生的语体教育也需要重视。首先是要解决口语语体和正式语体的语体偏误问题,解决"口语化有余、典雅度不足"的问题。留学生来中国不仅是学习语言,还要学习一定的专业或是掌握一定的职业技能,因此不仅要重视一般的语体教育,还应当进行一些与专业、职业相关的语体教育。这对汉语作为第二语言的教育又提出了新要求。

今日春分,细雨蒙蒙,"昼夜均而寒暑平"(《春秋繁露》)。春分一过,白昼长起来,气温高起来,即可播种望秋。春雨如油,润万物生长,孕育着一个好年成,也是传波学术事业的好年成,语言学的好年成。

李宇明
序于北京惧闲聊斋

前 言

　　本研究是教育部规划基金项目"面向第二语言教学的汉语语体语法研究"(16YJAZH021)的最终结项成果,主要探讨汉语二语者书面语体习得问题。对外汉语教学实践中经常发现留学生语体使用偏误现象,学界也有相关研究成果。比如通过自建或者使用 HSK 动态作文语料库,研究留学生的语体习得情况;也有学者通过问卷调查,了解留学生的语体能力现状。与此相关,学界也有一些探究留学生语体习得偏误成因的成果,从对外汉语教材编写、课程设置、课堂教学等方面寻找原因。但是现有语体研究的成果,在语体判断标准上往往因人而异,并不统一。制约对外汉语教学界语体研究取得重要突破的原因之一就是缺少比较成系统的语体特征标记,即无法明确哪些词、句法格式专用于或倾向用于某种语体。为解决这一难题,本研究参考了语体语法理论及相关研究成果,主要采用语料库对比分析的方法,研究汉语二语者书面语体习得特点。

　　本研究采用大多数学者认同的观点,将语体三分为非正式语体(典型口语语体)、中性语体、正式语体(典型书面语体)。借鉴英语学界语体研究常使用的多维分析方法,穷尽梳理学界现有语体研究成果,采用 BCC 大型语料库中微博语料和科技语料进行验证,概括出了一批非正式语体特征标记和正式语体特征标记。平均词长、词汇密度、型次比、平均句长这 4 个基本项目作为学界公认的较为成熟的语体判断标准,本研究继续使用。

因此，基本项目、非正式语体特征标记、正式语体特征标记共同构成了判断留学生语体习得情况的重要标准，三者可以互相补充和印证。

基于以上研究，本研究通过对外国留学生和汉语母语者书面语中语体特征标记的频率进行卡方检验，发现外国留学生书面语总体上存在口语化有余、典雅度不足的问题。口语化指语体的非正式程度，典雅度指语体的正式程度。

通过对不同水平留学生与中国高中生的书面语进行比较，发现即使是高级汉语水平的留学生也还存在口语化有余、典雅度不足的问题，但是相对于初级和中级水平的留学生来说，语体习得已有明显进步。通过对不同水平留学生书面语进行比较，发现并不是随着语言水平的提升，外国留学生的语体能力也相应提升。具体而言，从基本项目来看，虽然总体上正式度的排序是从低分组到中分组，然后到高分组，但是低分组和中分组差距很小。在非正式语体特征方面，首先对比了不同水平留学生在4个词类（副词、代词、叹词和语气词）上的异同，发现低分组和中分组口语化倾向无显著差异，低分组/中分组和高分组之间存在着显著差异，口语化程度明显下降；其次对比了不同水平留学生在10类非正式语体特征标记上的异同，发现口语化程度从低分组到中分组不降反升，低分组/中分组和高分组之间存在着显著差异，口语化程度明显下降。从正式语体特征的角度来看，外国留学生的语体典雅度与语言水平之间是对应的，随着语言水平的提升，语言的正式度也在提升。

通过对日本、韩国、欧美留学生与中国高中生的议论文进行比较，发现无论是日本、韩国，还是欧美留学生，与汉语母语者相比，语体能力都存在不足。在语体正式度上，欧美留学生正式度最高，其次为日本，最后为韩国；但是在非正式语体特征上，日本留学生则表现得更口语化一些，欧美留学生次之，韩国留学生反而口语化程度最低。

通过对不同水平、不同国别留学生汉语书面语体习得情况进行比较，发现留学生汉语书面语体的习得总体上在口语化程度与典雅度上呈对应关系，但也存在一种有意思的"语体习得不匹配现象"。即，与低分组留学生相比，中分组留学生的书面语中出现了口语化程度提高而典雅度也提高的不匹配现象；与日本、欧美国家留学生相比，韩国留学生书面语中表现出典雅度最低，但是口语化程度也最低的不匹配现象。

本研究还尝试考察外国留学生在书面语中习得"以A为B"文言构式的情况。发现留学生在书面语中使用该构式的频率偏低，习得偏误率为32.81%，偏误类型复杂。我们还基于自建学术论文语料库，从文言结构这一视角出发对韩国学生学术汉语语体能力的问题进行初步探索，通过对比含"于""者""之""而""以"的5类文言结构在中国学者、韩国学生论文中的使用频率，发现韩国学生学术汉语的语体能力存在不足。主要表现为韩国学生总体上存在少用汉语文言结构的倾向，对某些专业名词的使用存在过度泛化的倾向。

最后，本研究就教材中的语体不对应现象和口语格式的收录等问题也进行了探讨，提出教材编写和课堂教学中都应该重视语体问题。

目 录

第一章 导 论 ………………………………………… 1
 1.1 本研究的理论和应用价值 ……………………… 1
 1.2 研究目标与研究内容 …………………………… 4
 1.3 研究思路与研究方法 …………………………… 7

第二章 文献综述 …………………………………… 9
 2.1 语体的界定及分类研究 ………………………… 9
 2.2 汉语语体相关研究 ……………………………… 23
 2.3 英语学界的语体相关研究 ……………………… 29
 2.4 本章小结 ………………………………………… 30

第三章 语体特征标记研究 ………………………… 33
 3.1 基本项目 ………………………………………… 33
 3.2 其他语体特征标记 ……………………………… 36
 3.3 本章小结 ………………………………………… 49

第四章 留学生汉语书面语体习得总体情况研究 …… 52
 4.1 基于在线语料库的留学生汉语书面语体
   习得研究 ………………………………………… 52
 4.2 基于自建语料库的对比研究 …………………… 60
 4.3 本章小结 ………………………………………… 69

第五章　不同水平留学生汉语书面语体习得比较研究 ······ 70
- 5.1　留学生低分组书面语体习得情况 ················ 70
- 5.2　留学生中分组书面语体习得情况 ················ 78
- 5.3　留学生高分组书面语体习得情况 ················ 85
- 5.4　不同分数段留学生书面语体习得比较 ············ 92
- 5.5　本章小结 ···································· 97

第六章　不同国别留学生汉语书面语体习得比较研究 ······ 100
- 6.1　日本留学生汉语书面语体习得情况 ·············· 100
- 6.2　韩国留学生汉语书面语体习得情况 ·············· 113
- 6.3　欧美留学生汉语书面语体习得情况 ·············· 121
- 6.4　不同国别留学生汉语书面语体习得比较 ·········· 129
- 6.5　本章小结 ···································· 135

第七章　留学生文言结构习得研究 ···················· 137
- 7.1　留学生"以 A 为 B"文言构式习得研究 ·········· 137
- 7.2　基于学术汉语语料库的韩国学生文言结构习得研究 ··· 144
- 7.3　本章小结 ···································· 157

第八章　语体不对应现象及口语格式的收录问题初探 ···· 159
- 8.1　"语体不对应"现象 ·························· 160
- 8.2　口语格式收录问题 ···························· 167
- 8.3　教材、辞书编写建议 ·························· 171
- 8.4　本章小结 ···································· 173

第九章　结　语 ···································· 175
- 9.1　本研究主要结论 ······························ 175
- 9.2　研究启示 ···································· 178

参考文献	180
附录:语体特征来源表	191
后　记	203

第一章

导 论

1.1 本研究的理论和应用价值

外国留学生①说话或写作时,常常出现语体偏误。例如:

(1) 老师:你的手好了?学生:痊愈了。

(2) 我想询问他一件事。

(3) 她的脾很粗。

(4) 在语言学习过程中最重要的是反复复习。每次没反复的话,都瞎掰了。②

(5)(邀请信)我们在 12 月 6 日晚上举行结婚,请老师来玩玩。③

上面例句中(1)(2)(3)画线部分显得过于书面和正式,(4)(5)显得过于口语。这类语体习得偏误并非个别现象,说明关注外国留学生汉语语体习得问题非常有必要。就汉语本体研究而

---

① 需要说明的是,外国留学生指"汉语作为第二语言学习者",为严谨、简洁,本书名使用"汉语二语者"这一概念。但正文中为行文方便,也从俗从众,多用"外国留学生"或"留学生",与"汉语二语者"所指相同。

② 例句(3)和例句(4)均转引自赵晓晖(2014)。

③ 例句(5)转引自常敬宇(1999)。

言,国内对于语体的认识并不一致,汉语语体问题仍是我国学者研究的一个热点和难点。"对外汉语教学是汉语本体研究的试金石。"(陆俭明2005)从学习者的视角对汉语语体现象进行研究,不但能解决实践问题,也可以深化对汉语本体研究的认识。

就对外汉语教学研究而言,学界关注的焦点基本上都是语音、词汇、语法,对语体关注很少。① 比如孙德金(2009)在总结五十余年对外汉语教学研究时发现,在面向对外汉语教学的本体研究方面,语体研究的文献数量要远少于语法、词汇及词典、语音、语义及语用、语篇研究;在语言要素教学研究方面,语体教学研究的文献数量也远少于语音教学、词汇教学、语法教学、汉字教学、语篇教学、语用教学。近十年来在语体语法理论的影响之下,对外汉语教学相关的语体研究文献数量有所增加,但相比语法、词汇等研究依然不足。学界对汉语口语与书面语的差别远远大于拼音文字的语言口语与书面语的差别,认识不足,重视不够。(李泉2020a)

评价留学生的汉语学习成效有"正确、流利、得体"三个标准,"得体"与语体密切相关②。随着中国经济实力的增强和国际影响力的提升,将汉语作为第二语言学习的人越来越多,截至 2020 年 12 月,"全球有 70 个国家将中文纳入国民教育体系,中国以外正在学习中文的人数约 2500 万"(粟裕 2020)。"据估计,(海外汉语学习者)低龄化的平均水平可能已达 50%,一些国家达到或超过 60%,且仍呈快速发展之趋势。"(李宇明2018)面对新的形势,如何加强语体的教学,提高学生得体交际的能力,是汉语教学界面临的亟待解决之难题。因此,开展外国留学生汉语语体习得研究,对于国际中文教育具有重要的价值和意义。该研究可以为国际中文教育研究开辟新的研究视角和研究空间,将有助于从对外汉语教学的视角深刻认识汉语语体,有助于更好地指导对外汉语语体教学实践,从

---

① 此处把语体与语法并列,是采用孙德金(2009)的说法。后文在综述时,尤其是谈到语体语法时,会涉及语体与语法的交叉现象。

② 严格来讲,"正确"与语体也有关系,具体见后文语体语法相关论述。

而推动汉语教学的最终目标"得体交际"的实现。① 研究留学生语体习得现状,进而探讨各种相关因素,以便有针对性地为对外汉语教学提供切实可行、符合汉语特点和学习规律的建议,探讨教学新思路。对于留学生语体习得的研究,不仅能拓宽对外汉语教学的研究领域,扩展研究视角,而且研究成果也将更直接地服务于对外汉语教学,能极大地提高教学质量与教学效率。

以上简述了语体习得研究的理论与实践价值。下面我们重点论述语体语法理论对语体习得研究的价值。

冯胜利(2010)从语言交际距离的角度提出语体语法这一理论,之后又多次撰文阐释(冯胜利 2012、2014、2015、2018)。语体语法指的是和语体对应的语法格式,"不同的语体使用不同的语法。反之亦然,不同的语法或结构具有不同的语体性质和功能"(冯胜利 2012)。近年来,语体语法的研究成为学界热点,方兴未艾。有些学者认为语体语法研究的对象应该包括语法、词汇与语音,语体词汇研究在语体习得中的作用与语法相比并不小,语体语法和语体词汇都值得重视(汪维辉 2014)。冯胜利、施春宏(2018)不但接受了这一观点,而且扩大了语体语法的研究范围,认为研究对象包括语体语素、语体词、语体短语、语体句、语体段、语体篇等。语体语法理论启发我们思考:到底哪些语法格式和词汇常用于书面语体(正式体),哪些语法格式和词汇常用于口语体(通俗体),哪些语法格式和词汇常用于学术语体(庄典体)。这些问题其实涉及语体习得研究的基础,即区别正式体、通俗体、庄典体的语体区别特征到底是什么。如果不能回答这一问题,语体习得研究就无从谈起。因此,语体语法理论的出现,为解决这一难题提供了思路,并且也贡献了不少成果。比如关于现代汉语书面语中的嵌偶词、合偶词、古句式等(冯胜利 2006b)。对外汉语教学界之前对此并未深入讨论。如果借鉴语体语法的最新研究成果,考察汉语二语学习者的语体习得现状,分析语体习得偏误原因,应该会有新的

---

① 对外汉语教学、国际汉语教学、国际中文教育、汉语国际教育等术语和概念虽然有一些差异,但本质一致,本文在引用和使用时基本将其等同,不作严格区分。这与李泉(2020b)观点是一致的。

发现。当然,面向第二语言教学的汉语语体语法研究从新的视角观察语体,对于语体语法理论的深化也有重要的推动作用。

当前学界对"语体语法"的解读并不一致,冯胜利(2012)的界定较为严格,朱军(2012)的界定则相对宽泛。从汉语作为第二语言教学的视角来看,语体语法不仅仅涉及合法与否的问题,也涉及表达效果问题(后文会详述)。但不论采用哪种定义,语体语法视角下的汉语二语学习者语体习得研究确实有以下一些实践价值:提高学习者的语言运用能力;促进对外汉语教学语法体系的建立,开辟提高教学质量和效果的新渠道;增强教材语法和词汇注释的针对性,有助于课程设置和教材编写。(朱军 2012)

简言之,汉语二语者语体习得研究非常重要,但是学界对其研究相对比较薄弱。语体语法理论及相关研究成果的出现为语体习得研究打开了思路,开阔了视野,我们可以运用这一理论解决目前汉语教学中词汇、语法不分语体的瓶颈问题,解决语体教学的难题,提高汉语教学的质量。

1.2 研究目标与研究内容

1.2.1 研究目标

通过对不同语体语料库的量化分析,确定能够区分非正式语体(口语语体)和正式语体(书面语体)的语体特征标记。正如冯胜利(2015)所指出的,"不同的文体使用着不同的'语体构件'(如俗体词、正体词、典体词以及俗体句、正体句、典体句等)","三种语体(通俗、正式、庄典)分别和总共有多少'构体部件',还是一个有待研究的新课题,因此,用哪些部件组成哪些'文体'(如记叙体、论说体、操作体、新闻体等),更是一个未曾开垦的处女地","语体的研究必将在这里开辟出大量的可耕地"。冯胜利(2015)的观点非常有前瞻性,但因目前尚无可供研究使用的大型口语语料库,构建一个"语体构件"库相对比较困难。另外通俗、正式、庄典三分系统虽然在理论上是可行的,但是在语言实践中将庄典纳入正式进行研究更有可操作性,也就是将语体划分为非正式、中性、正式语体三大类(后文将详述具体原因)。我们采纳冯胜利(2006a)的观点,将日常口语看作非正式语体,书面语看作正式语体。我们的研究目标之一是归纳、整理学界现有的关于语体区别特征的具体、零散的研究,利用现有的语料库进行验证和筛选,尝试初步建立区分非正式语体和正式语体的特征标记群。

依据语体特征标记,将留学生书面语中介语语料库与汉语母语者语料库进行对比,将留学生学术论文语料库与汉语母语者学术论文语料库进行对比,发现留学生书面语体习得特点,提出改进语体教学的建议。

1.2.2 研究内容

首先,梳理目前汉语学界的语体研究成果,整理现有成果中能够区分非正式语体和正式语体的语法格式、核心词汇。我们同意金立鑫、白水振(2012)的观点,即"构成不同语体的语言单位一定有着较为明显的差别,这些差别不仅体现在具体的用词上,还体现在对句法结构或句式的选择上"。比如,已有语体语法研究成果表明"V+向/往+NP"用于书面正式语体,"向/往+NP+V"用于口语非正式语体(王永娜 2011a);"NP+们"用于书面正式语体(王永娜 2011b);"V+和+V"是正式书面语体(王永娜 2012);"NNVVN"用于书面正式语体,"VNN"用于通用语体,"VN 的(N)"用于口语非正式语体(王永娜 2015a);"在"属于口语非正式体,"当_现实_"属于书面正式体,"当_虚构_"则倾向于文艺体(王永娜、冯胜利 2015);判断句是书面正式语体(王永娜 2015b)。这些研究成果为区分非正式语体和正式语体提供了参考。另外,还有一些语体研究成果也可以借鉴,比如,书面语中主语大多数由名词充当,口语中主语大多数由代词充当,书面语的定语构成中名词占绝对优势(刘丙丽等 2012);若一对同义词有音节上的差异,口语倾向于为单音节,书面语倾向于为双音节(张文贤等 2012);22 个条件标记在口语中的使用频次远高于书面语体(姚双云 2014)。在现有研究成果基础上,我们运用北京语言大学 BCC 语料库中各 30 亿字规模的微博语料库和科技语料库,将汉语语法学界目前研究的能够区分语体的语法格式、核心词汇进行卡方检验,确定一批典型的语体特征标记。

其次，结合欧化语法研究（贺阳 2008a）、书面语研究（孙德金 2012a）、古句式研究（冯胜利 2006b）的成果，补充一批典型的语体特征标记。这些语体特征标记与经过验证、确定的标记共同构成"标记群"，能够有效区分两种不同的语体（正式与非正式）。具体研究时也借鉴英语学界的研究成果，比如 Biber & Conrad(2009)关于英语口语样本和学术论文样本中名词、代词和形容词的研究。这些成果为本研究提供了非常有价值的参考。

再次，运用 HSK 动态作文语料库（从中抽取语料新建不同水平、不同国别语料库）、国家语委现代汉语平衡语料库、中国高中生作文语料库、自建语料库（韩国学生学术论文语料库、中国学者学术论文语料库），利用本研究所确定的语体特征标记群，分析留学生书面语、学术汉语中的语体使用情况。具体而言，通过对比留学生书面语和汉语母语者书面语，分析留学生语体习得总体情况，是否存在口语化倾向，是否存在典雅度不足现象；通过对比不同水平的留学生在语体习得方面有无差异，分析语体习得情况是否与留学生的语言水平呈正相关；通过分国别探讨日本、韩国、欧美留学生的书面语体习得情况，分析国别特点。通过自建语料库，以韩国学生为例，对比其学术论文和中国学者的学术论文，分析韩国学生汉语学术写作中文言结构的使用是否不足。

最后，尝试从教材和口语格式收录问题入手分析面向留学生的语体教学存在哪些问题，对教材及辞书编写提出改进建议。具体而言，这一研究主要通过检索北京大学 CCL 语料库、中国传媒大学有声媒体文本语料库[①]、自建《实话实说》语料库，分析精读教材中语法格式"待到……之时""何尝"的语法练习设计问题；考察口语格式在《现代汉语词典》（第 7 版）、《汉语水平词汇与汉字等级大纲》（修订本）等中的收录情况，以及在汉语对话语料中的使用情况，进而分析日本留学生汉语书面语中存在口语化倾向的原因，以及《现代汉语词典》（第 7 版）等在口语格式收录方面的得失。

---

① 该语料库现已更名为"媒体语言语料库"。

1.2.3 拟突破的重点和难点

正如赵雪、李平(2013)所指出的,"如果不能确定哪些语言标记在语体研究上具有普遍意义,那么再先进的技术手段也将是英雄无用武之地"。因此本研究的重点和难点是语体特征标记的确立和提取。近几年受语体语法理论的影响,汉语语法学界发表了一系列关于区分不同语体的语法特征的文章,这将有助于本研究对研究难点进行突破。另外,目前BCC语料库已经区分了不同语体(微博接近非正式体,科技为正式体),这为不同语体的语法特征、词汇特征的计算机提取奠定了基础。在汇总所有语体特征标记之后,在BCC微博、科技语料库中查找频次,然后运用卡方检验,选取有显著差异的语体特征标记。

1.3 研究思路与研究方法

1.3.1 研究思路

本研究拟将语体语法的相关成果与汉语作为第二语言教学相结合。由于语体的界定、分类仍存在很大的争议,我们根据汉语作为第二语言教学的实际需要,将语体划分为非正式语体、中性语体、正式语体,认为语体之间并非截然对立,而是逐渐过渡的。

在划分语体的基础上,我们梳理并总结本研究的相关成果,借鉴英语学界的研究方法,将能够区分语体的语法格式、核心词汇通过语料库进行验证,确定语体特征标记。语体特征标记不是仅在某一种语体中存在,另一种语体中不存在,不是"有"和"无"的区别,而是"多"和"少"的区别。我们预计语体特征标记在不同语体中的分布频率存在巨大差异,基于此,确定一批语体特征标记,构成"语体特征标记群",运用这一标记群可以有效区分不同语体。

确定了语体特征标记群之后,有了对比的标准,我们就可以将留学生中介语语料与汉语母语者的语料进行对比,发现留学生语体使用的特点或者偏误。

1.3.2 研究方法

目前汉语本体就语体语法的研究基本上还使用内省的办法,虽然也有很多有价值的成果,但是仍有一些不足。金立鑫、白水振(2012)认为,"放弃传统的内省的研究方法,走向科学的定量研究,走向实验室方法——语体学研究就有可能走向一个前所未有的、充满科学之美的广阔天地"。本研究是基于语料库的语法格式、核心词汇的分析,必然要运用量化的手段,选取不同语体具有显著差异的语法格式、核心词汇。

本研究主要是通过语料库对比的研究方法,计算出标准化频率,运用 Chi-square and Log Likelihood Calculator 进行卡方检验,力求运用科学的统计方法得出结论。当然,我们也不会唯量化和数字,而是从数据中发现和总结特点及规律,尝试分析原因。

本研究所使用的在线语料库有:北京语言大学 HSK 动态作文语料库、北京语言大学 BCC 语料库、国家语委现代汉语平衡语料库、北京大学 CCL 语料库、中国传媒大学有声媒体文本语料库。

在 HSK 动态作文语料库中随机抽取自建的语料库[①]有:留学生低分组语料库、留学生中分组语料库、留学生高分组语料库、日本留学生议论文语料库、韩国留学生议论文语料库、欧美留学生议论文语料库。

自建的语料库有:《实话实说》语料库、韩国学生学术论文语料库、中国学者学术论文语料库、中国高中生作文语料库、中国高中生议论文语料库[②]。

---

① 感谢北京外国语大学熊文新教授在语料库建设方面提供的帮助。
② 中国高中生作文语料库、中国高中生议论文语料库,均从北京外国语大学华雨博士所建的语料库中随机抽取,感谢华雨博士无私分享。

第二章

文献综述

2.1 语体的界定及分类研究

汉语学界的语体研究成果主要来自修辞学、语法学,其中大部分来自修辞学。语体居于修辞学中最主要的地位。(周迟明1959)近些年随着语体语法理论的提出及拓展,语法学界对语体的关注也从零散、不成系统逐渐系统化,研究也逐渐深入,引起了修辞学界的关注。也就是说,语体语法理论产生之前,主要是语法学界借鉴修辞学语体研究相关成果;语体语法理论产生之后,修辞学界开始关注并借鉴语法学界的研究成果。①

我们首先需要明确语体的具体所指,在此基础上才能谈语体习得问题。

2.1.1 语体的定义

语体研究主要集中在修辞学、语法学领域,两个领域由于研

---

① 此处把对外汉语教学相关的语体研究也归入语法学,其实语体语法理论的产生很大一个动因是基于对外汉语教学实践的需要。

究目的不同,对语体的界定也有差异。①

(一)修辞学界关于语体的定义

修辞学界最早涉及语体研究的是陈望道(1954)的《修辞学发凡》,该专著中虽然没有使用"语体"的概念,但是其三境界说(记述的境界、表现的境界、糅合的境界)可看作语体分类的初步意见(周迟明 1959)。自 20 世纪 50 年代开始,修辞学界的语体研究越来越深入,取得了丰硕的成果。当然,不同的学者由于观察视角不同,对语体的定义和分类也有差异。李熙宗(2005)认为,"在语体的定义问题上一直存在着明显的分歧,随着语体学研究的深化以及语体学成果影响的日渐扩大,其负面效应愈益显露"。他对语体的不同定义进行了系统的梳理并归纳为六类,指出优点与不足,提出了新的语体定义。我们在李熙宗(2005)分类的基础上,加上他本人的界定,将七种类型、代表性定义及作者评价重新梳理,整理为表 2.1。

表 2.1 语体的不同定义

类型	代表性定义	评价
语言特点体系	语体是由于交际方式和活动领域的不同而形成的言语特点的综合。(唐松波 1985)	强调物质性、体系性,但忽视了风格属性。
语言风格类型	由于交际的目的、内容、范围不同,在运用民族语言时也会产生一些特点,这种特点的综合而形成的风格类型,叫做"语体",语体不是文章体裁,也不能把语体看作特殊的独立的语言。(林裕文 1957)	强调从风格及其类型上来揭示语体的本质属性,但忽视了语体的物质性、体系性。
功能变体	语体也就是全民语言在不同交际领域和交际范围内进行功能分化的言语变体,也叫做言语的功能变体。(王德春、陈晨 1989)	主要从标准与变异的关系着眼揭示语体的本质属性。

---

① 需要说明的是,我们从修辞学、语法学两个视角来综述,可以更清楚地看到关于语体研究的相互影响,有些学者其实个人研究兴趣广泛,跨修辞、语法两界,暂且以其主要成果为修辞还是语法来分别。语法学界的研究成果也包括词汇学、对外汉语教学等相关研究。

续表

类型	代表性定义	评价
词语类别	所谓语体就是指在运用上受各种范围所限制的词语类别。（乐秀拔 1959）	没有把握语体的体系性这一特性，混淆了依据（词语的）语体色彩对词语所作的分类与语体的界限，忽视了口语语体。
语文体式	根据交际场合的需要组织起来的言语类型，叫做语言体裁，亦称语体或文体。（程祥徽 1985）	第一次有意识地从语言本位出发把语言文字因素纳入风格学的研究之中，但并没有准确地揭示语体的本质属性。
言语行为类型	语体是言语行为的类型。（托伊恩·A. 梵·迪克 2003）	强调言语行为与语体形成的关系，但难免会造成语体理论阐释和实际的语体分类以及描写研究上的某些具体困难。
综合说	在长期的语言运用过程中历史地形成的与由场合、目的、对象等因素所组成的功能分化的语境类型形成适应关系的全民语言的功能变异类型。（李熙宗 2005）	揭示了语体作为语言特点体系的物质性、体系性及由此特点体系所具现的风格属性，指明了这种语言特点体系的形成是一种功能性的语言变异状态。

表 2.1 基本穷尽了 20 世纪 50 年代一直到 21 世纪初修辞学界对语体的代表性定义，视角各异。我们认为"横看成岭侧成峰，远近高低各不同"，从单一视角观察语体都可能有局限，如果从不同侧面观察应该会更全面。李熙宗（2005）的"综合说"界定将语体的物质性、体系性、风格属性、功能变体等都囊括在内，相对来说更为综合，也更全面。当然，无所不包的定义可能存在的最大缺陷就是特点不突出、不鲜明。

刘大为（2013）认为以上各种语体定义基本属于按照使用域来进行界定的，他对此进行了批评，谈到"已经深入人心的理念是语体与语言的使用域有着直接对应的关系"，认为"并非研究者不尽心力，而是透过这种以使用域为导向的研究模式，研究者无论怎样努力所能见到的都只能是这样一些漂浮在语体表层的现象。任何一个使用域所产生的庞杂的功能动因都需要众多语体相互配合才能完成，因而对使用域语体进行语言特征的描写和概括，其实是在这众多语体之间寻找最大公约数，而不是在针对某一语体进行考察"。据此，刘大为(2013)认为，"语体就是一种类型的言语活动得以实施而必须满足的、对实施者行为方式的要求，以及这些要求在得到满足的过程中所造成的、语言在使用方式或语言形式上成格局的变异在语篇构成中的表现"。

对于刘大为(2013)的观点，丁金国(2018)并不赞同，他认为不能彻底否认之前的观点。丁金国(2018)将语体的定义分为静态与动态两类，提出静态以李熙宗(2005)为代表，动态以刘大为(2013)为代表，认为对语体定义的动与静视角都有其合理的一面。丁金国(2018)认为，"定义语体的目的是揭示语体的本质特征，以有效地服务于语言运用（包括语文教育），指导普罗大众的语用实践为旨归"。为此，提出将语体定义为"在言语运用功能域制约下，以一定表达方式形成的伴有特定风格形态的语用范式"(丁金国 2018)。该定义是目前修辞学界最新且最具概括力的，将动、静结合，将功能、言语运用、风格、语用范式都包括在内。但正如前文所述，综合全面的界定因缺少鲜明的特点，也可能并不能在学界产生大的影响。

虽然如此，这一定义仍然是从修辞学视角出发的。正如施春宏(2019)所言，修辞视角的语体观对语言现象的研究"多从表达效果、风格特征出发，因此对语体的认识也主要从某种效果、风格可以选择哪些变体形式、表达方式去实现这个角度来考察，这也就常与风格学、文体学相关联"。修辞学界的语体研究往往都是整体性地指出若干表达形式的多少之别，没有系统的结构关系层面的分析；即便在某些句式、词义辨析、搭配分析中看到了语体问题，也多为个案说明，而没有对其背后的形成机制作出规则性刻画。

我们认为修辞学视角的语体研究成果在对外汉语教学中也具有重要的实践指导价值，让我们意识到不同语体的语言特点、语言风格存在差异，在教学实践中应该给予重视。对外汉语学界的不少学者都曾论述过语体的重要价值，很多也应该是基于修辞学的研究成果而言的。当然，意识到语体的重要性并不够，更为重要的是要应用于具体教学实践中。可惜的是,修辞学界的语体研究成果能够直接指导对外汉语教学实践的并不多,或者说能够转化为教学应用的并不多。①当然,修辞学界的语体研究并不是为了满足对外汉语教学实践的需要,我们只能部分借鉴其研究成果,更多的需要本学科去探索。

(二)语法学界关于语体的定义

正如陶红印(1999)、袁晖(2000)所言,语体研究最早主要为修辞学家、文体学家们所关注,并不是语法学家的重点研究对象。20世纪60年代以来,语言学界越来越关注汉语口语的语法特点。(陶红印、刘娅琼2010)但是我们都同意,修辞学的语体研究为语法研究提供了非常好的借鉴。修辞学实质上是关于语言运用的研究。在这个意义上,当代修辞学和话语分析、语用学等没有本质的区别;Paul Hopper 总结自己的研究时就开宗明义地说到:"我的研究是围绕着修辞(话语)和语法(语言结构)之间的关联进行的。"这样的关联点很多,语体和语法的关系就是其中一个重要的接口(陶红印1999;张伯江2007;方梅2007)。(转引自陶红印、刘娅琼2010)

语体一词在语言学和相关领域(如文学批评)中有着广泛的运用。语法学家在讨论语体时往往更关注跟语言结构有关的语体对立,尤其是口语和书面语的对立、文言和白话的对立等。语体,特别是文体,也是修辞学所研究的一个重要问题,主要涉及书面文体格式以及特殊语言要求(陈望道1954)。"需要指出的是,即使传统上认为是修辞学(含文学批评)探讨范围的语体分类问题也并不是和语法研究毫不相关的。"(陶红印1999)

与修辞学界的语体研究相比,语法学界(包括词汇学)的语体研究虽然成果不太多,也不是研究重心,但是就实践价值来看,与对外汉语教学实践的关系更为密切。尤其是语料库语言学视角的语体研究和语体语法理论视域下的语体研究,出现了不少研究成果,在对外汉语教学界都产生了很大反响,对语体的认识也逐渐深化。

---

① 这也让我们思考理论研究的价值所在,是为理论而理论,还是应该借助理论指导实践。

下面我们看一下语法学界对语体的界定。

施春宏(2019)认为语法视角的语体研究可以概括为描写语体学和解释语体学,解释语体学又可以分为功能语体学和形式语体学(语体语法)。由于语法视角的语体研究并不针对语体本身进行研究,因此对其进行明确界定的学者并不多。

孙德金(2015)指出,"我们不得不承认的一个基本事实是,语言中的确存在着无法描写清楚的部分。比如,我们感觉上都知道存在着'语体'这种东西,但如果说现在已经能够说清楚'书面语体'和'口语语体'到底界限在哪里,恐怕还为时过早"。

目前从文献中能够找到语法学界涉及语体定义的除了语体语法理论之外,仅见李泉(2004)、孙德金(2010c)。李泉(2004)认为,"语体是语言运用的交际功能变体。人们在运用全民语言进行交际时,由于交际目的、对象、内容、方式、场合等的不同,因而在选择表达方式和运用语言材料等方面形成一些各具特点的言语表达形式,即语言的功能变体,简称语体。这些不同的言语表达形式(语体)是人们在长期的言语交际活动中形成的,体现着人们语言运用的某种规则和习惯"。孙德金(2010c)也认为语体指的是语言的功能变体。这两位学者的看法应该说代表着语法学界多数学者的意见。国内语法学界大都是功能派,因此在研究语体时也往往从功能的视角出发,将语体作为语法解释的一个重要参项。

语体语法理论由冯胜利先生首创,近些年来影响越来越大。关于语体的定义,该理论也在不断地修正。冯胜利、施春宏(2018)提出"语体是实现人们在直接交际中具有元始属性的、用语言来表达或确定彼此之间关系和距离的一种语言机制"。这一定义虽然也借鉴了修辞学、语法学相关的研究理念,但对语体的定义和之前修辞学界、语法学界大为不同,是从语言机制的角度去看待语体现象,认为语法具有语体属性,是新发现、新突破。当然,我们认为这一定义尚有可推敲之处,如把语体看作具有元始属性的一种语言机制,认为是语体决定了语法,似乎有些夸大了语体的作用。我们认为,信息的准确传达其实比界定彼此之间距离和关系更为重要。但是,我们也承认语体对语法有一定的制约作用。

语体语法的核心观点有三。(1)语言交际中存在语体之法:语体不同,语法有异;反之亦然:语法变形,语体有别。(2)语体语法既是语体的,又是语法的,不同的语体使用(包括创造)不同的语法形式来表现/实现。(3)语体是确定关系和距离的语言机制。我们引用冯胜利、施春宏(2018)的具体例子来看语体语法理论对语体的界定与前人有何不同:

(1)a. 对社会进行改造～ *对社会进行改
    b. 办理事情～ *办理事(比较:办事/办事情)

语体语法理论认为正式体合偶词(如"进行、办理")要求"[σσ]$_{正式}$ + [σσ]$_{正式/通体}$",违背该条件就不合法。(冯胜利、施春宏 2018)这类正式体合偶词由冯胜利(2006b)初步进行了整理,王永娜(2015c)以专著的形式进行了研究并大幅扩充。

(2)a. 暗恋～ *暗爱恋(比较:暗暗爱恋、暗中爱恋)
    b. 避债～ *避债务(比较:躲债/躲债务)

庄典体嵌偶词(如"暗、避")要求"[σ+σ]",超出"双音"的模板就不能接受。(冯胜利、施春宏 2018)庄典体嵌偶词由冯胜利(2006b)进行了初步整理,黄梅(2015)以专著的形式进行了深入研究并大幅扩充。

(3)编故事→故事的编写～ *故事的编

在"N 的 V"结构中,非正式体的单音节动词若要变成正式体的动名词,不双不合法。(冯胜利、施春宏 2018)

(4)a. *我昨天买和看了一本古代的书。
    b. 我们昨天购买和阅读了一部古代经典。①

这两个句子在语法合法度上形成对立,冯胜利、施春宏(2018)认为,"根本原因不仅仅是'V 和 V'在汉语句法系统中是否合法,更重要的是'V 和 V'适用的语体不同:非正式体语法不允准'V 和 V'的句法形式,而

---

① 在语料库中,这类结构数量并不多,更常用的结构其实是"V$_{双}$并 V$_{双}$"。

正式语体语法则以之为标记。即在现代汉语中，'[V 和 V]+O'只在正式体中合法，在口语中并不合法，因而该结构选择的是双音节动词的并列（即：V$_双$和 V$_双$），而不能选择单音节动词的并列（即：V$_单$和 V$_单$）。正式与否，与交际距离直接关联，正式体和非正式体反映了交际距离的远和近"。

语体语法理论认为，语体语法的单位不但包括语法，还包括语音、词汇、语义，分布范围广。目前研究的主要是语法，对词汇、语音、语义的研究涉及较少。

语体语法理论在讨论与修辞学的语体、语法学界之前的语体认识有何区别时，认为风格（style）是美学/修辞偏好的特征，语域（register）是服务于特定交际功能的、由某些相关特征形成的跨语境的语言变体，文体（genre）是因题材而形成的不同类型。语体语法中的"语法"和风格、语域、文体"最为根本的差异在于：是规则的表现还是效果或倾向的表现。语体语法研究的是语体语言在规则上的合法与非法的对立，文体和语域观照的是语言表达方式所呈现的效果和倾向的差异"（冯胜利、施春宏 2018）。我们认为虽然语体语法理论对语体语法、文体、风格、语域作了较为理想的区分，但是在实际研究中却又有混淆。语体语法理论所列举的不少例证其实也有效果和倾向的问题，不仅是合法与否。比如语体语法理论认为文言成分是正式语体的特征，所列举的很多例子其实在现代汉语书面语中可以不用文言，只是正式度或典雅度有差异，而不是不合法。

2.1.2 语体的分类

（一）修辞学界的语体分类

学者对语体的界定直接影响着其对语体的分类。周迟明（1959）就认为，"必须搞清楚汉语的语体问题，如汉语的语体应该怎样分类，什么是各种语体的通用词和通用的语法结构，什么是某一语体的专用词和专用的语法结构，汉语在词汇上、词义上、构词上、词类上、句法上有些什么语体的特征，等等"。从前文修辞学界对语体的定义来看，语体定义难以统一，视角各异，因此对于语体分类的看法也是如此。

林裕文(1957)将语体分为政论语体、科学语体、文艺语体、公文语体和口头语体五类。

唐松波(1961)把语体分为谈话语体和文章语体,认为这种区分是基于语言运用时的一系列差异,不同于口语与书面语,后者是使用语音或文字来表达思想的两种形式,所以口语与谈话语体、书面语与文章语体并非对应关系。

张弓(1963)根据交际因素的不同,把语体分成口头语体和书面语体,再把书面语体分成小类,即文艺语体、科学语体、政论语体和公文语体。

李文明(1987)将现代汉语语体分为科学、应用和艺术三大类,每类又分为若干分体,并指出相应的口头形式和书面形式。

郑远汉(1987)认为语体表达的概念是单一的、明晰的,将语体分为科学体、艺术体、谈话体三类。

黎运汉(1989)主张"多层次多序列地划分",将口语语体和书卷语体作为第一层面的语体,在此分类下又作出详细的划分。

袁晖、李熙宗(2005)将语体分为谈话语体、公文语体、科技语体、新闻语体、文艺语体、演讲语体和广告语体,再进行下位分类。

郑颐寿(2008)主张运用数学原理解决语体的分类问题,并提出"语体平面"的概念。具体做法是:先根据功能把语体分为艺术语体、融合语体和实用语体,以之为纵轴;再根据媒介把语体分为口语、书语和电语,以之为横轴,纵横结合,构成"语体平面"。该平面分为12个语体区,可以分析各种语体现象,力图让各种体裁都能在"语体平面"中找到自己的定位。

曾毅平(2009)将语体分为口语语体、通用语体和书面语体三类。通用语体介于口语语体与书面语体之间。

针对按照使用域来划分语体的做法,刘大为(2013)进行了反思,认为由于使用域是一个一目了然的事实,按照使用域分出的类一定是大同小异的,不外乎科技语体、新闻语体、法律语体、文艺语体、广告语体等。他认为按照使用域分类影响深广,似乎早已经成为一种天经地义、不言而喻的事实。这种分类的优点是得出的语体很容易与人们的常识保持一致,也就很容易被不假思索地理解和接受,成了长期以来语体分类的主要方法。然而他认为学理与常识并不经常一致,使用域和语体无法完全对应,否则有了科技语体、新闻语体,为什么不能有经贸语体、外交语体,不能有教学语体、医务语体以至于宗教语体呢?由此可见,从使用域出发划分出的不是语体的类,描写的也不是语体类的特征。刘大为(2013)受到语体语法的启示,认为应该跳出之前传统的语体分类模式,通过数量有限的语体变量去发现、描述以至构造数量无限的语体类型,借助参与组配的变量间的异同去比较语体不同类型之间的关系。

丁金国(2018)则认为可以从两个观察点把握语体的存在形态:一是从功能域的角度,可以得到以"域"为据的功能语体,有日常语体、事务语体、科技语体、新闻语体、演讲语体、广告语体、审美语体、周知语体、规约语体和契约语体等,各体还可依次进行下位分类;一是以语篇的表达方式为准,区分出叙述语体、说明语体、论证语体、对话语体、描写语体、抒情语体和隐喻语体等。

通过列举修辞学界对语体分类的部分观点,我们发现语体分类和语体定义一样,各家观点不同,彼此之间虽有共同之处,但是仍然难以统一。修辞学界的分类中所涉及的政论语体、科技语体、法律语体、新闻语体等,虽然传统,但影响深远,在语法研究中也常常使用。这些也是以使用域为标准来划分的,虽然受到了刘大为(2013)的批评,但是由于与语言使用者的常识相符,也容易操作,相应的语料库方便建设,因此广为接受。刘大为(2013)提出的新的语体分类理念较为新颖,还需要通过研究实践来完善和发展,目前在语法研究中尚未得到广泛应用。丁金国(2018)以语篇表达方式为依据所划分的叙述语体、说明语体、论证语体等,应该也是受到语法学界的影响,这种分类对语法的研究非常有益。可惜的是,由于目前缺乏以表达方式为依据的语料库,语法研究也受到制约,相信未来随着语料库的建设,这方面的研究会有大的突破。

(二)语法学界的语体分类

如前文所述,语法学界对语体的定义不多,对语体的分类很少进行专题的研究。在汉语语言学界,明确提出应该区分口语与书面语两种语体进行语法研究的是朱德熙(1987)和胡明扬(1993)。朱德熙(1987)指出,

"为了使现代汉语语法研究深入下去,恐怕应该对口语语法和书面语语法分别进行细致的研究"。胡明扬(1993)也指出,"一部'现代汉语语法'按理应该全面反映现代汉语口语和书面语的现状"。"现代汉语书面语远远不是一种高度规范化的书面语,不规范的现象随处可见。现代汉语书面语也不是一种在一个单一的方言点口语基础上形成的书面语,而是在其形成过程中受到各种不同因素的影响,因而就其组成成分而言十分驳杂,既有以北京话为基础的口语成分,又有欧化的书面语成分,既有传统的和仿古的文言成分,又有各种方言成分。现代汉语书面语就是这样一些不同语体的成分,甚至可以说是不同语言系统的成分糅合而成的。说是'不同语体的成分'是从现代汉语书面语内部来考虑的。这些不同的成分分属不同的语体,如口语语体、书面语语体、文言语体和方言语体。"(胡明扬 1993)朱德熙、胡明扬两位先生的观点时至今日仍有重要的指导价值,语法学界至今尚未构建起独立的口语语法体系和书面语语法体系,任重道远。

吕必松(2000)认为,"口语和书面语是一种语体概念,口头语言和书面语言是一种语用概念"。李泉(2003b)主张基于语体来建立对外汉语教学语法体系,即对外汉语教学语法体系由共核语法、口语语法、书面语语法三个子系统组成。他的观点和修辞学界的普遍认识是一致的,比如他认为:"一般来说,学习第二语言或外语不能不涉及目的语的文学作品,别的不说,它至少是一种重要的语体。"(李泉 2003a)孙德金(2011)也持相似的观点,认为"单就语体说,大的分类有书面和口语,下位分类还有各个层次、各种类型"。孙德金(2010c)认为,限于条件,大致可把书面语体分成以下四类:政论语体、科学语体、公文语体、文艺语体。

陶红印(1999)介绍了功能学者关于语体分类的几个角度:传媒与表达方式,有准备与无准备,庄重与非庄重。他将语体分为典型语体和非典型语体,这是基于语法差异进行的语体类型分类,与以往的修辞学视角的语体分类不同。陶红印(1999)认为"口语和书面语的区别是一个必要步骤但还比较粗线条。区别'媒体'和'方式'的对立为我们进一步划分语体提供了一对有用的概念工具,也可以帮助我们说明语体划分时的典型性和非典型性问题。依靠任何单一的标准把语体（以及文体）作穷尽的分类都是不现实的，分类的方法和角度应该在很大程度上取决于分类的目的和语料的实际情况"。陶红印的这一观点在当下互动语言学的不少成果中能够证明。互动语言学关注对话中的互动，发现了不少之前传统语法研究未关注到的语法特点。

贺阳（2008a）认为，"区分口语和书面语的关键因素并不在于话语所凭借的物质条件不同，而是正式程度的差异。正式程度很高的口头表达，如演讲和报告，与书面语没有多大的差别；正式程度很低的书面表达，如口语化的小说和剧本，又与口语十分接近。所以我们所说的'口语'并不等于口头表达，而是指正式程度较低的语体，这种语体的典型样式是日常生活口语，特别是日常生活对话"。崔希亮（2020）也以正式、非正式来研究语体的差异。而冯胜利（2010）则认为"'正式与非正式（书面体/口语体）''典雅与便俗（文雅体/白话体）'是构成语体的两对基本范畴"。

汉语学界还有一些学者运用语料库语言学的方法，借鉴英语语体研究的方法，在语体特征研究方面取得了一些成绩。他们对于语体的认识与传统的修辞学界有相同之处，但更为细化，比如刘艳春（2019a）自建语体语料库，共含17个语体，1112个文本。"这17个语体最大程度地涵盖了各类语体的书面文本和口语文本，即：小说、传记、专门科技、通俗科技、法律法规、司法文书、报纸评论、报纸报道、电视对话、电视讲座、电视报道、电视访谈、广播故事、演讲、辩论和戏剧。"（刘艳春2019a）她认为根据我国传统语体分类，粗看其收集来的17类语体，似乎有的存在重复，如报纸报道和电视报道，实则不然，因为她采用的是Biber提出的多维度分析法，并且是根据Biber在该分析法中提出的情境框架（参与者、渠道、生成环境、场景、交际目的等）提取的语体，因此不存在语体重复。（刘艳春2019b）

我们认为Biber的语体研究在英语学界有重要的影响，汉语学界也开始有学者借鉴其方法进行研究，但总体来看有影响的成果不多。主要原因可能在于，汉语缺少大型口语语料库，不少学者运用的广播电视媒体的对话材料并不能完全代表口语，因此研究得出的一些结论有待商榷。另外，汉语毕竟和英语有很多差异，拷贝、模仿英语的语体特征在汉语语体研究中进行计量分析,遇到问题是难免的。我们缺少的是基于汉语事实的、运用朴素眼光看待汉语语体的研究成果。语体语法理论指导下的语体研究,重视汉语韵律特征,重视汉语的文言成分,是基于汉语特点提出的语体研究理论,如果能结合 Biber 的研究方法,相信未来会有体现汉语语体特点的重要研究成果问世。

陶红印(1999)指出,"语体的分类需要更进一层,不能只停留在口语、书面语的两分法上";"随着研究的深入和精细,所谓的口语和书面语其内部的区别也必须进一步明确化";"研究的深入也要求我们对语体的区别和相关的语法研究方法论问题的认识程度有同步提高";"语法研究必须以具体的语体为中心";"语体的不可穷尽性不应该妨碍我们对主要语体(或者是研究者自己特别关注的语体)进行系统、细致而深入的研究",因此"以语体为核心的语法描写应该是我们今后语言研究的最基本的出发点"。这一观点比较客观,强调了语体的分类虽然不可穷尽,但是主要语体的边界是相对清晰的。

就现有的语体分类来看,孙德金(2010c)认为"已有的语体分类的研究,恐怕没有一种框架是无可挑剔的,总会有交叉的问题存在。这不奇怪,因为分类永远都是个遗憾的艺术。由于对象本身是客观的,同时又是多层面、多维度的,而分类活动本质上却是主观的,所以着眼点不同,分类的结果就不一样"。他认为"理想的状况是,完全按照语体和语法关系研究的目标,专门构建语体分类框架,建立专门的语料库。比如目前报纸的语料就很难整体用于研究新闻体的语法表现,因为报纸仅仅是个媒体,上面所载的内容很杂,新闻只是其中一个部分,此外还有理论版、广告版等等,而它们的语体类型就完全不同"(孙德金 2010c)。这一观点确实有道理,比如小说语料中,其实可以细分为对话和非对话,在语体上也是存在差异的。

2.1.3 本书的观点

"汉语学界在语法研究中已经注意到语体因素的作用,但一般把语体因素看成是语境或语用的一种形式,没有充分认识到语体在语法研究中的重要性,而语体语法研究则充分重视语体在语法研究中的作用。"(朱军 2012)目前语体语法有广义和狭义之分,狭义的仅指冯胜利所创立的理论,广义上则指语体视角的语法研究。本研究所依据的语体语法理论在冯胜利的基础上有所扩展,应该算广义上的语体语法,不局限于语体使用的"对"与"错",也指语体使用的"优"与"劣"。比如我们关注惯用语倾向于用在口语非正式体,成语倾向于用在书面正式体中,但狭义的语体语法研究对类似倾向性的使用关注不多。我们赞同这一观点:"语体的不同源于其各类语言项目在语篇中使用频率的差异。词汇、语法、修辞等层面的语言特征,在不同的语体中常会有不同的分布,这种分布的不同既包含'有'与'无'的区别,也包括在'有'的基础上频率高低的差异。因此,要精确考察不同语体的语言特征分布差异,量化方法显得十分必要。"(刘艳春、王小帆 2018)而目前冯胜利所倡导的语体语法理论在研究方法上多用内省法,常常例举和对比合语法与不合语法的语体单位,少用语料库和量化统计的方法。

就语体分类而言,我们认为陶红印(1999)、孙德金(2010c)的看法确实都有一定的道理,但就目前而言细分语体语料库的建设存在一定的难度。我们赞同丁金国(2018)的观点:"对语体的分类,首先要明确分类的目的,不同的目的有不同的分法,不能一概而论。实践应用与学术研究有别,'实践应用'要求形态结构鲜明、特征显著,便于快速识别;而'学术研究'所追求的是精确、洋尽和深度认知,利于类间对比;'语文教育'所要求的是与教育对象的经验图式相衔接,易于启迪联想、模仿创新。"

基于此,我们从对外汉语教学的实践出发,将语体三分为非正式语体(典型口语语体)、中性语体、正式语体(典型书面语体),其中正式语体包含典雅语体,这是可行的稳妥的方案。这一观点和学界前辈吕必松(2000)、李泉(2003b)、贺阳(2008a)、冯胜利(2010)、崔希亮(2020)是基本一致的。和冯胜利(2010)有所不同的是,我们把典雅语体作为正式语体中的一部分来看待,而不是独立于正式语体。其实在冯胜利(2018)的论述中也有类似的看法,只不过他是把典雅与便俗作为对立而已。因为语体划分得越细,对于语法研究来说可能越有利,但是对教学来说并不一定。一个外国留学生,如果能够在掌握好中性语体的基础上,再掌握好正式语体(包括典雅语体)、非正式语体,就已经很不容易了。目前高校针对留学生的语言课教学,基本上是分为汉语精读和口语两个系列,做好这两个系列的语体研究和教学也不太容易。等未来条件成熟,可以再对语体进行细化教学。

2.2 汉语语体相关研究

汉语语体相关研究有两个方面:其一泛指基于汉语本体的与语体相关的语法研究,其二指基于汉语作为第二语言教学的语体相关研究。

2.2.1 基于汉语本体的研究

从宏观和理论层面来看,陶红印(1999)、张伯江(2005)、方梅(2013)将语体与汉语语法研究结合,发现了一些非常有价值的规律,提出语法要结合语体研究的重要观点。这几位学者的研究成果也实践着他们的学术观点,透过语体观察语法特点,大大提升了语体在语法研究中的地位。孙德金(2011)认为,造成不同语体风格的重要因素就有不同类型词汇的使用,有单双音节的配合问题,有古今词语的选择问题,等等。孙德金(2014)指出语体和语法的关系研究还很不充分,客观上也直接影响了对外汉语教学。他就现代汉语书面语中的文言语法成分进行了深入研究(孙德金 2012a),其成果对语体语法理论和对外汉语教学实践都非常有参考价值。

冯胜利的一系列论文其实主要是面向现代汉语书面正式语体的研究,应该是基于美国高年级学生书面语教学的实际问题,主要是问题驱动。更难能可贵的是,冯胜利有强烈的理论建构意识,不但在学界首次提出了语体语法理论,并且越来越清晰地论证了语体语法研究的范式、要点及其价值[①](冯胜利 2010、2012、2014、2015、2018)。他指导的博士王永娜

---

① 冯胜利在与笔者当面交流时曾表示要建立基于语体语法理论的现代汉语书面语语法体系,学界也有学者提出建立现代汉语口语语法体系(徐晶凝 2016),有学者提出要重视"当代汉语"的研究(游汝杰 2020)。随着语料库技术的普及,区分语体的语料获取越来越方便,不远的将来一定会出现区分语体的现代汉语、当代汉语语法体系。

运用语体语法理论,发表了系列论文,证明了一些语法格式用于书面正式语体,而另一些语法格式用于口语非正式语体(王永娜 2011a、2011b、2012、2015a、2015b)。

从微观和具体研究层面,汉语学界不少学者重视研究不同语体的语法、词汇差异(第三章将会详述)。近年来,有学者开始重视从语料库出发,运用量化的方法研究语体特征标记。比如,曹炜(2003)研究现代汉语口语词和书面语词的差异;黄伟、刘海涛(2009)通过两个 50 万词的语料样本发现了在汉语口语体和书面语体中具有显著分布差异的 16 个语言结构特征;刘丙丽等(2012、2013)运用语料库研究词类在不同语体中的分布差异;张文贤等(2012)也是基于语料库的统计分析,发现一对同义词若有音节上的差异,则口语倾向于为单音节,书面语倾向于为双音节;姚双云(2014)研究发现 22 个条件标记在口语中的使用频次远高于书面语体。语法学界基于语料库的微观和具体研究也给了修辞学界不少启示,有学者认为基于语料库的语体风格研究是语体学科的一个高难度的课题,可能是其奋斗的极终目标(丁金国 2009)。这充分说明语料库在语体研究中的重要作用。

综上所述,基于汉语本体的语体语法研究成果丰硕,尤其是运用语体语法理论对语体特征标记的研究令人耳目一新。但是这些本体研究成果仍然比较零散、不成系统,需要整合。另外,不少关于语体特征标记的研究成果缺少语料库的验证,是否可以确定为区分语体的核心语体特征标记尚需继续研究。尤为重要的是,这些本体研究成果在对外汉语教学中的运用仍然较少,理论如何转化为实践仍需探讨。

2.2.2　汉语作为第二语言教学的语体研究

语体或者说语体语法与对外汉语教学有着密切的关系。"一般说来,语法学管语言运用的正确性,也就是用得对不对;而语体学管语言运用的得体性,也就是用得合适不合适。正确性是对语言运用的最基本的要求,而得体性则是更高的要求。"(盛炎 1994)当然,狭义的语体语法理论认为语体也负责语言运用的正确性,而不负责得体性。我们倾向于广义的语体语法理论,认为语体主要负责得体性,也负责一部分正确性。

学界都同意,"对外汉语教学的根本目的是,培养学习者自如地运用汉语进行各种交际的实际能力。这种交际能力的基本要求就包括语言学习者能够根据不同的交际场合、交际对象和话题内容来选择具有特定语体功能的表达方式和语言材料的能力。从一定意义上说,作为外语或第二语言教学的对外汉语教学,其根本目的就是培养学习者准确地把握和正确地使用各种语体的能力,具体而言,就是让学习者能够做到:在什么样的场合、对什么样的人或事,用什么样的语言材料和话语方式说出什么样的话语,或者是用什么样的语言材料和篇章结构写出什么样的文章。显然,学习者掌握某种语言的语体种类越多,在各种场合下运用目的语的能力就越强"(李泉 2004)。

虽然语体语法比较重要,但根据韩莹(2008)的调查,在北京语言大学图书馆专题数据库——世界汉语教学文献数据库中,词汇研究有 2113 篇相关文献,语法研究有 3500 篇相关文献,语体研究仅有 206 篇相关文献。由此可见,语体研究在汉语作为第二语言教学中成果并不多。近些年来,语体语法理论对汉语二语教学中的语体研究有一些推动作用,但总体来看,对外汉语教学语体语法研究成果大部分属于个案性质的理论探讨,量化分析、实证的研究较少。

下面我们择要介绍学界前辈的部分观点:

程祥徽(1988)谈到"对外汉语教学有不同于中国人学外语的地方,它至少存在三种形态。第一种,专攻汉语口语;第二种,口头语与书面语并进;第三种,重点在书面语,同时也学口头语"。

盛炎(1994)认为外国人学习中文,语体学习可以从中性语体开始,"随着中文程度的提高,语体的学习也随之加强。要求外国人完全失掉自己的身分,那是不合理的;但是要求他们在一定程度上、在一定范围内正确地使用中文语体,那是合理的"。

佟秉正(1996)认为中级汉语教学的一个重要课题应该是帮助学生顺利地由口语迈进书面语,提出"先从与口语有对应关系的书面词语入手,以对比关系展示二者不同的功能与差别"。

杨志棠(1997)认为,对初学者也需要口语、书面语"双管齐下",以口语为主,适当给学生看"通知""海报"等应用文,在他们有了一定的基础之后,就可以适当地引入真正的书面语了。

吕必松(2000)认为,"口语和书面语是一种语体概念,口头语言和书面语言是一种语用概念"。这种区分不但反映了语体应用的变换情况,也更加科学地处理了语言教学中的各种关系,把口头语言教学与口语教学区别开来,把书面语言教学与书面语教学区别开来。(吕必松 2000)

李泉(2003b)提出"在语法教学中应加强语体知识的教学和语体技能的训练,如口语和书面语词汇、语法及其语用特征的教学、语体要素的辨认、口语和书面语各自内部的再分类及其教学、不同语体的转换训练等等;在各类语法大纲的制定中要充分体现语法项目(包括词汇、惯用语、句式、格式等)的语体属性","将对外汉语教学语法体系拟定为共核语法、口语语法和书面语语法三个子系统"。

李泉(2006)也提出要"加强口语语法和书面语语法的研究。这方面的研究,特别是书面语语法的研究还很薄弱,而无论是针对汉语汉字这种语言和文字的特殊关系来讲,还是面对中高级阶段语法教学不理想的现状,都应该区分和加强这两种语体语法的研究。这方面的研究将不仅有利于促进对外汉语口语和书面语教学,也将丰富汉语本体研究的成果"。

以上学者的观点非常有启发性,指明了语体在对外汉语教学中的作用及其在教学实践中的大致路径。在理论上,丁金国(1997)、吕必松(1997)、李泉(2003b、2004)、王福生(2004)、赵金铭(2004)、陆俭明(2007)等都强调对外汉语教学必须重视语体。在前辈学者研究的基础上,近十年汉语教学视角的语体语法研究也取得了一些成果,研究更为具体和微观,与教学实践结合也更为紧密。主要集中于:

(1)利用中介语语料,研究留学生汉语书面语中的口语化倾向,如汲传波、刘芳芳(2015)、马明艳(2017)。汲传波、刘芳芳(2015)基于口语格式,对比留学生中介语和汉语母语者汉语,发现留学生书面语体使用存在口语化倾向。马明艳(2017)以语气词、第一/第二人称代词、介词为参数,采用语料库数据对比分析的方式,将汉语学习者书面语料与母语者书面语料和口语语料进行对比,发现汉语学习者汉语书面语篇中语气词、第一/第二人称代词以及介词的使用与母语者书面语存在很大差异,有口语化倾向。

(2)对教材的语体分布情况进行考察,如刘婕(2012)、黄婧(2014)、孟彩虹(2016)等。刘婕(2012)考察了《拾级汉语精读教材》5—8级,发现教材中的口语词和书面语词的比重有待进一步增加,尤其是书面语词;在练习方面,应该在语体练习题型的多样化上进一步提高,以帮助学生掌握语体知识,逐渐形成语体意识。黄婧(2014)通过对"博雅汉语"系列九本教材进行研究,发现课文和练习的语体分布上存在一些问题,比如书面语体的语料主要依赖文学作品,语体知识的讲解比较匮乏,各种语体之间缺乏对比,中性语体所占比重过大,缺少专门针对语体的练习,等等。孟彩虹(2016)通过对"发展汉语"综合教材进行详尽考察,统计出了六本教材初、中、高三个等级的课文和练习中具有语体特征的词汇和短语的总量等数据,并且总结出分布特点,发现《发展汉语·初级综合》在语体分布上存在一些不足。

(3)运用测试和调查,了解留学生的语体能力,如周芸、张婧(2010),周芸、张永芹(2010),王桢(2012)。前两篇论文主要通过问卷调查泰国留学生的谈话语体能力和报道语体能力,发现总体上语体能力与汉语水平呈正相关。周芸、张婧、张永芹(2011)指出,由于受到汉语水平的限制,泰国留学生"在习得汉语语体能力时,会出现对不同语体词汇标记与语境的匹配关系掌握不到位的情况;往往不能根据语境的要求得体地选用不同语体的句子标记来表情达意,容易出现句子结构与语境不协调的习得偏误;倾向于选用语体风格基调为中性的语篇,往往不能很好地区分语体类型和风格基调不同的语篇,经常出现不同语体风格色彩杂糅的偏误情况"。王桢(2012)对中级阶段留学生的汉语语体转换能力进行了实验调查,发现中级阶段留学生已具有一定的语体区分意识,但语体转换能力不强;在不同语式的转换方面表现不佳,在将口语表达过的内容转换为书面形式时难度较大;语体输出多样化能力比较差,汉语正式语体的使用能力低于非正式语体的使用能力;汉语语体能力习得与汉语水平之间为正比关系。

(4)对高水平留学生的学术论文语体语法进行研究,如主贵芝(2014)、汲传波(2016)。主贵芝(2014)从语体的角度,以留学生毕业论文为突破口,通过语料分析、教师访谈和问卷调查相结合的方式对留学生毕业论文中的语体特征和语体意识进行了考察,发现留学生毕业论文的语体特征不同于本族语者学术论文,留学生毕业论文中的语体意识较模糊。汲传波(2016)则从文言结构的视角观察韩国留学生的学术汉语使用情况,发现留学生学术汉语语体能力存在不足。

(5)基于语体语法视角,对单双音节动词搭配宾语的情况进行考察,如骆健飞(2017)。该文考察了汉语单双音节动词与不同类型宾语的搭配情况,认为"动词的单双音节与语体功能、句法结构和时空特征存在对应性关系"。

(6)基于语体语法视角,对欧美留学生正式语体能力发展进行研究,如莫丹(2016)。该文考察了不同语言水平的欧美留学生书面正式语体能力的发展路径,并与母语者文本进行对比,发现"除正式体特征中的词汇复杂性与合偶双音词数量基本随着语言水平的提升呈线性上升,正式体其他变量与庄典体各变量的发展都表现出与语言能力发展阶段一定程度的不匹配,且都与母语者存在显著差异"。

综上所述,汉语作为第二语言教学界的研究更强调对中介语语料库和留学生教材的语体分析。近几年语体语法研究开始成为热点,尤其是2015年以来关于留学生书面语中的口语化倾向研究、学术汉语研究,都是对留学生中介语语料和汉语母语者语料进行对比,尝试从不同的维度研究留学生语体能力不足问题。但是由于区分不同语体的核心语法、词汇尚不明确(语体特征标记尚不清晰),语体语法尚有很大研究空间。针对留学生的语体习得研究仍非常薄弱,已有的针对外国留学生汉语语体习得研究,仅有部分国别的成果,如泰国学生语体习得研究(周芸、张婧 2010;周芸、张永芹 2010;周芸、张婧、张永芹 2011;周芸、张永芹、张婧 2011),缺少对更多母语背景的外国留学生语体习得情况的考察。另外,已有研究大多是质性研究,很少有基于大型中介语语料库的量化研究。即使有个别量化研究的成果,所采用的语料样本也很少(张憬霞2009)。因此,今后的语体习得研究,研究对象的国别应该多样化。为了确保研究的科学性,应该借助大型中介语语料库,并采用量化分析的方法。近年来,大型语料库相继建立并且免费开放,为进行更为客观全面的定量研究提供了条件。

2.3 英语学界的语体相关研究

Biber et al.(1999)首次基于语料库统计分析,研究了口笔语语体特征,成果之一为 *Longman Grammar of Spoken and Written English*(《朗文英语口语和笔语语法》)[①]。汉语学界最需要此类研究成果,但至今未见。Leech et al.(2001)初次揭示了口笔语语体中词汇频次的差异。Biber & Conrad(2009)统计了英语口语和学术论文中名词、代词和形容词的数量,名词分别为 1060 个、2538 个,代词分别为 837 个、184 个,形容词分别为 123 个、744 个,三类词在两种样本总字数中的比例分别为 18.96%、29%,15%、2.1%,2.2%、8.5%。从该研究结果可知,英语口语体中代词的使用比例为学术论文中的七倍多,相反,口语体中的形容词却只有学术论文中的四分之一。Petch-Tyson(1998)、Cobb(2003)都通过选取语体特征标记对英语学习者的中介语语料进行量化分析,发现了英语作为第二语言学习者语体习得的规律。

国内英语教学界主要借鉴国外研究的语体特征标记,对中国学生的英语中介语语料库和英语母语者语料库进行对比,分析其语体习得特点(文秋芳等 2003;文秋芳 2006、2009;吴瑾、邹青 2009;杨永芳 2010;潘璠2012;冯瑞玲 2013;黄莹 2016)。文秋芳(2009)将以下特征作为英语书面语的标记来进行统计:第三人称代词、被动语态、名词、介词、形容词、限定词、词汇复杂性、词汇多样性等。黄莹(2016)对工科研究生英语学术论文

[①] 英语学界将语体划分为口语、笔语,这与汉语学界所划分的口语、书面语本质上是一致的。

与工程类期刊论文的语体特征进行了多维度对比分析,发现工科研究生英语学术论文具有更多"交互性""情景依存性所指"、更少"抽象性"等口语体特征,写作中缺乏语域意识,而工程类期刊论文具有更多"信息性""明确所指""抽象性"等书面体特征。

卫志强(2017)的研究值得借鉴,该文运用语体多维分析法,并借助 MAT1.1 语体多维分析工具,以 270 名中国大学生限时说明文为研究对象,主要考察了作文语体特征及其与各项评分的关系,发现学生能够基本按照说明文语体特征写作,但语体特征与各项评分的相关度不高,语体因素对作文评分的影响较小。该研究说明,应注重从语体角度考察学生作文,提高评分效度,全面反映学生语言综合运用的能力。

综上所述,英语学界的语体及语体习得研究,大多基于 Biber(1986、1988)的语体特征标记,采用多特征、多维度分析方法。其基本理念是:"不同语体的语言特征及其相互之间的异同源于其各自的情境特征,情境特征决定语言特征。"(转引自刘艳春、王小帆 2018)即,"情境特征是更基本的""语体的语言特征来自于情境的不同"(转引自刘艳春等 2016)。英语学界对英语语体语法的研究比汉语学界时间更早、成果更多,尤其是研究方法(多维分析法)值得我们借鉴。但是由于汉语口语与书面语的差异更为复杂,目前基于语料库统计的口语、书面语语体特征标记研究成果偏少,面向第二语言教学的汉语语体研究举步维艰。当然,近年来由于汉语语体语法研究成果不断涌现,基于语体语法理念的语体习得研究应该能够有所突破。

2.4 本章小结

通过对修辞学界、语法学界关于语体的界定与分类进行述评,我们认为语体语法有狭义和广义之分,广义的语体语法更适合于对外汉语教学,即不把语体仅看作负责语言的正确与否,而是将之看作主要负责语言的得体性,也部分负责语言的正确性。认同将语体三分为非正式语体(典型口语语体)、中性语体、正式语体(典型书面语体),将狭义语体语法理论中的典雅语体归入正式语体。

通过综述前人研究,我们发现面向第二语言教学的语体研究或者语体语法视域下的对外汉语教学研究虽然取得了一些成绩,但是在判别留学生语体习得情况所使用的标准上比较随意,或者直接照搬英语的语体特征,或者仅凭个人语感去判断语体属性。目前来看,利用中介语语料库与母语者语料库进行对比的研究较为缺乏,运用语体特征标记群系统考察留学生书面语体习得情况的研究比较缺乏,对不同水平留学生、不同国别留学生书面语体习得情况的对比研究比较缺乏,对留学生学术汉语语体能力的习得情况研究比较缺乏。这些不足,也正是本研究要解决的主要问题。

李泉(2004)提出,"对基于对外汉语教学的语体研究,无论是重视程度还是现有的研究成果都还远远不够"。① 李泉(2004)谈到,"面向对外汉语教学的汉语语体研究,主要应该包括:什么是语体、语体的构成要素有哪些,语体的分类角度及其具体分类、语体与传媒工具和表达方式的关系,口语语体和书面语体如何区分以及如何进行再分类,各类语体的语言特征(如句式特征、话语结构和篇章结构特征等)和语用特征(如语汇和虚词的使用特征、话题转移方式、情感表现方式、语音和韵律特征等),各类语体的语境特征(包括交际场合、交际内容、交际双方的关系等)及对语境的依赖程度,各类语体的正式程度,不同语体的区别性特征,典型语体之间转换的基本特点,等等"。从本章综述可知,李泉(2004)提出的诸多研究问题尚未见有影响力的研究成果,比如各类语体的语言特征、不同语体的区别性特征。

赵雪、李平(2013)指出,"目前的语体研究以非材料性的微观定性研究为主;缺少定量研究,尤其缺少借助语料库进行量化统计的研究;缺少采用对比法和比较法进行的研究"。因此,我们应该借鉴冯胜利(2010)语体语法理论的相关成果,借鉴 Biber & Conrad(2009)的研究方法,将理论与应用相结合,做好面向第二语言教学的汉语语体语法研究,重点考察汉

---

① 详见李泉(2001)。

语二语学习者书面正式语体的习得情况。这不但要梳理本体研究的重要成果，更要对这些成果进行验证和分析，争取形成一个区分非正式语体与正式语体的语体特征标记框架。另外，根据这些语体特征标记，深入对比留学生中介语语料和汉语母语者语料，分析留学生中介语的语体习得现状，提出教学建议。

第三章

语体特征标记研究

　　本章将从基本项目、非正式语体特征标记、正式语体特征标记三个方面进行研究。

　　基本项目包括平均词长、词汇密度、词汇丰富程度（型次比）和平均句长四个方面。通过对语料库文本基本项目的基础分析，从整体上了解语料信息表达是偏向于"非正式"还是偏向于"正式"。其实基本项目也可以纳入非正式语体特征标记和正式语体特征标记中，但考虑到非正式语体特征标记和正式语体特征标记大都是具体的词和句法格式，二者角度不同，也有部分重复，分开讨论更为科学，便于互相印证，互为补充。

3.1 基本项目

3.1.1 平均词长

　　词是最小的能够独立运用的语言单位，是构成句子的基本单位，在语料库分析当中占有重要地位。词长（word length）作为词汇的基本结构属性特征之一，容易量化，成为语言计量研究中不可缺少的重要部分。与书面表达相比，人们在互动对话中倾向于用简明、短小的词汇来组织句子，形成连贯的话语，也就是说如果近义或同义的单、双音节词，非正式语体中一般倾向于用单音节词,正式语体中倾向于用双音节词。这可能是由于口语互动交际受大脑短时间内信息处理与表达能力的限制,因此选取短小词汇来表意。为了满足书面语表达正式精确的需求,提高文本传递的信息量,正式语体中人们往往会选用音节数更多、词长更长的词汇。

语料库的研究结果也证实了以上推测,比如黄伟、刘海涛(2009)将词长作为计量特征,对两个50万词次的口语和书面语语料文本进行考察,发现单音节词在口语中更占优势,而双音节词在书面语文本中频率更高。陈衡(2016)对两个百万词次的汉语口语和书面语语料库进行了计量研究,发现汉语中平均词长在一定程度上也能指示词汇复杂性,甚至语言的复杂性。通过对比分析,他发现同样的文本规模中,短词在口语语篇中的分布比书面语语篇要多。刘艳春(2019a)通过对17个不同语体的语料文本进行分析,发现平均词长也同样是汉语信息密度、表达是否精确的表征,文本的词汇长度越长,表达越正式,信息越精确,呈现出明显的书面语风格。还有一些研究结果也发现,口语化色彩浓的语体,单音节词占比高(刘艳春 2013),常用的单音动词口语性较强(骆健飞 2015),使用同义词时口语中倾向于单音节(张文贤等 2012)。刘艳春、胡凤国(2011)通过对几类语体的计量考察,认为"越接近典型口语语体的,可能双音节词分布比例越低;越接近典型书卷语体的,可能双音节词分布比例越高"。

3.1.2 词汇密度

与平均词长同样作为文本信息密度指标的还有词汇密度(lexical density)。词汇密度是实词在所有词汇中的占比。一般而言正式度越高的文本,词汇密度也会越高。书面语写作中,为了让读者能够理解并接受自己的观点,往往需要创设情境、呈现更多的信息量来支撑和论述观点,这就需要使用更多表意精确的实词。因此,实词的使用情况在一定程度上与书面语正式程度、信息密度的风格相关联。

Ure(1971)、Poulisse & Bongaerts(1994)等的研究表明,英语书面语篇与口语语篇在词汇密度上存在较大的差异,由于实词具有实际意义,因此书面语语篇所携带的信息量更大。吕文涛、姚双云(2018)也认为"词汇密度高的篇章蕴含的信息语域广,人们对词汇密度高的篇章的感知比对词汇密度低的篇章的感知要难"。即使是正式语体内部,词汇密度也有差异。医学类学术汉语的实词使用频率远远高于文学类学术汉语(张赪等2020),说明自然科学类的论文比人文科学类的语体更为正式。

3.1.3 型次比

型次比(Token-to-Type Ratio,简称 TTR),也叫型例比,指文本中类符数与形符数之比,在很大程度上可以说明文本中词汇的重复率。类符(types)是指词种,也就是文本中不重复计数的词语频次。形符(tokens),也称词次,是指一个词语在一个文本出现的总频次。例如一个语料库一共有 50 万个词,那么形符(词次)就是 50 万。如果在这 50 万个词中,每个重复出现的词只计数一次,最后得到 10 万个词,则这 10 万个词就是语料库的类符(词种),剩余 40 万个词都是重复出现的。

在文本长度相等的前提下,型次比越高,文本的重复词汇就越少,词汇的丰富程度就越高。Biber(1986)研究发现,在正式写作中型次比是词汇多样性和专一性程度的指标之一。由于言语交际的即时性,口语语篇的型次比一般较低。Zhang(2012)也指出,丰富的词汇变化也是汉语书面语的特征之一,书面语中的型次比往往较高。这也是出于书面语表述正式度与典雅度的需要。在典型的书面语中,需要论证作者的观点,势必降低单个词的重现率,用更丰富多元的词汇来多角度展开论述,体现出作者对词汇的掌握程度与对语言的驾驭能力。日常口语由于对语言的加工时间短,因此不可能像书面正式语言一样对词语进行推敲和斟酌。

3.1.4 平均句长

黄伟、刘海涛(2009)认为,句长(sentence length)在统计风格学和作者判别研究方面具有应用价值。与平均词长一样,受"省力"经济原则影响,口语中的句子结构也比较简单粗略,短句、省略句、插入语、紧缩句使用较多,表意简略清晰。书面正式语体中,出于论述支撑观点的需要,句中常出现较多修饰语,多带有附加成分、联合成分、同位成分的长句,多重复句,等等。

由于口语体与书面语体在句式结构上呈现出的这种特征,如果在书面语写作中过多使用简单的短句,势必会对语篇的平均句长造成影响。刘佳明(2018)也认为口语语体句长偏短。因此,对平均句长进行统计分析,可以让我们观察到口语体语篇和书面语体语篇在句子复杂程度方面的表现。

3.2 其他语体特征标记

3.2.1 引言

李泉(2004)提出应训练留学生"将典型的口语语体(传媒为口头,表达方式为口语语言特征和语用特征)和典型的书面语体(传媒为书面,表达方式为书面语语言特征和语用特征)进行相互转换的能力"。这是基于对外汉语教学实际应用的需求。为满足这一需求,需要找到典型的口语语体特征、书面语体特征。根据冯胜利(2018)、崔希亮(2020)的观点,典型的口语语体特征也可以称为非正式语体特征,典型的书面语体特征也可以称为正式语体特征。

当然,我们应该清楚地看到,所谓典型的语体特征,只是相对而言。从范畴的角度来看,正式语体与非正式语体之间有模糊、过渡地带。因此,在语体特征标记确定的过程中,我们会把归纳、整理的一些可能引起争议的语体特征标记在大型语料库中进行验证。

目前学界没有可以公开使用的自然口语语料库,在判断语体特征标记属性时,我们借鉴崔希亮(2020)的研究方法,采用 BCC 语料库中的微博语料作为非正式语体的代表,把 BCC 语料库中的科技语料作为正式语体的代表。这两个语料库各有 30 亿字,是目前国内可免费使用的最大的分语体语料库。[①]

确定语体特征标记的方法主要有两个:一是学界公认的典型的语体

---

① 比较遗憾的是,2020 年 12 月我们再次检索 BCC 语料库时,微博语料和科技语料已经不能使用,增加了对话语料库。在尝试检索对话语料库时,发现语料重复出现的情况较多。期待国内早日建成可用的大规模分语体语料库。

特征标记,这类标记不需要再进行验证;二是对一些可能会有争议或者不太典型的语体特征标记,用 BCC 语料库进行验证,主要看该语体特征标记在微博语料、科技语料中是否存在显著差异。

3.2.2　非正式语体特征标记

(一)口语格式

我们赞同把口语句式归入非正式语体(崔希亮 2020)。当然,哪些句式属于口语句式尚需学界深入讨论。对外汉语教学界出版的口语词、口语句式词典为确定语体特征标记提供了参考。《汉语口语常用句式例解》(刘德联、刘晓雨 2005)和《汉语口语词词典》(施光亨 2012)可以作为选择常用口语格式的依据。这两本词典的作者都是具有丰富对外汉语教学经验的专家,所编选的口语格式(词、句式)具有一定的科学性。这两本词典共同收入了 65 个口语格式①:

> 巴不得(呢)、罢了、本来嘛、彼此彼此、别看、不得了(了)、不好说、不好意思、不瞒你说、不像话、不要紧、不用说、不怎么(样)、得了、对了、够了、够朋友、够意思、怪不得、好家伙、好了[句首]、好说、好说话、话是这么说(,可……)、话(又)说回来、就是了、就这样(吧)、看你说的、可不是(嘛)、了不得(了)、没的说、没劲、没门儿、没什么[单用]、没事(儿)、没说的、没问题、没准儿、哪里、哪儿的话、难说、你看[句首]、你说呢、去你的、什么呀、说白了、说不好、说的是、说了算、说真的、算了、我说呢、无所谓、小意思、笑话[单用]、要说(……啊)[句首]、要我说(呀)、也是(这倒是)、一句话、有的是、再说(吧)、怎么搞的、这么说、这么着、真是

另外,一些学者也就一些话语标记进行了研究,提出这些话语标记多

---

① 汲传波、刘芳芳(2015)考虑到其中有 4 个格式(好说、不好说、难说、哪里)在所对比的大型语料库(国家语委现代汉语平衡语料库)网络平台上检索时,多义现象不容易区别,暂时未列入考察的对象,因此当时的研究初次检索所用的格式有 61 个,不包括"好说、不好说、难说、哪里"。我们自建的语料库规模要小一些,可以使用更多的检索工具,保留这四个格式。

用于口语或非正式语体。比如刘永华、高建平(2007)认为"别说"是口语中的话语标记,孟晓亮、侯敏(2009)认为"你想想、比如说"是用于谈话语体的话语标记,袁晖(2011a)认为"你看、你听"是谈话语体的句中标志,阚明刚、侯敏(2013)认为"对、好、好的、对不对、第二、是吧、另外、所以、第一、对吧"是口语体话语标记;孟晓亮、侯敏(2009)认为"不料、老实说"是用于文艺语体的话语标记。

我们将科技语料中使用次数多于微博语料的话语标记暂且排除,这些标记包括:对[独句]、第二[独句]、另外[独句]、所以[独句]、第一[独句]、比如说[独句]。微博语料和科技语料总字数相同,列表中显示频次和频率(每百万字)①。采用 Chi-square and Log Likelihood Calculator② 计算出频率、卡方值和显著度。

表 3.1 话语标记在微博语料和科技语料中的频率比较

话语标记	次数③/频率（微博）	次数/频率（科技）	卡方值	p 值
别说[句首]	5352/2	973/0	3030	0.000
不料	5438/2	2659/1	953	0.000
老实说	1651/1	341/0	860	0.000
好[独句]	12858/4	5072/2	3380	0.000
好的[独句]	15857/5	452/0	14549	0.000
对不对[独句]	1061/0	183/0	618	0.000
是吧[独句]	2071/1	77/0	1849	0.000
对吧[独句]	2328/1	49/0	3030	0.000
你看[句首]	25713/9	0/0	25711	0.000
你听[句首]	2777/1	0/0	2775	0.000
你想想[句首]	344/0	0/0	342	0.000

① 本节表格中,话语标记、非正式语体特征标记、正式语体特征标记的频率计算公式为"出现总次数/总字数(百万字)"。另外,如无特殊说明,本书中的"频率"均为"标准化频率"。
② 由北京外国语大学语料库语言学团队研发,下载地址为:http://corpus.bfsu.edu.cn/TOOLS.htm。(访问日期:2021年4月6日)
③ 本书表格中的"次数",指的就是"频次"或"频数"。

加上这些话语标记(其中"你看"重复出现),共计 75 个口语格式作为非正式语体特征标记①:

> 巴不得、罢了、本来嘛、彼此彼此、别看、别说[句首]、不得了、不好说、不好意思、不料、不瞒你说、不像话、不要紧、不用说、不怎么(样)、(就)得了、对吧[独句]、对了、对不对[独句]、够了、够朋友、够意思、怪不得、好[独句]、好的[独句]、好家伙、好了[句首]、好说、好说话、话是这么说、话(得/又)说回来、就是了、就这样(吧/了)、看你说的、可不是(嘛)、老实说、了不得、没的说、没劲、没门儿、没什么[单用]、没事儿、没说的、没问题、没准儿、哪里、哪儿的话、难说、你看[句首]、你说呢、你听[句首]、你想想[句首]、去你的、什么呀、是吧[独句]、说白了、说不好、说的是、说了算、说真的、算了、我说呢、无所谓、小意思、笑话[单用]、(不)要说[句首]、要我说、也是(这倒是)、一句话、有的是、再说吧、怎么搞的、这么说、这么着、真是

(二)惯用语、俗语

惯用语多为三个音节,多出自口语,绝大多数是利用隐喻的方式构成的,不够雅训,正式程度较低(崔希亮 1997)。因此,惯用语多见于非正式语体,如"拍马屁、跟屁虫、花和尚"等(崔希亮 2020)。这也是从总体上而言,单个惯用语的情况可能比较复杂,比如崔希亮(2020)在 BCC 微博语料和科技语料中对比发现,"走后门、拦路虎"在科技语料中的频率比微博语料中还要高,与预期不同。根据实际语料观察,科技语料并不全是科技论文,其中有不少教育类、科技类报纸上的文章,可能导致"走后门、拦路虎"用例较多。

由于惯用语数量多,使用频次高低也有差异,确定哪些惯用语作为语

---

① 张建新(2008)收录了 330 条汉语口语常用格式和短句,与刘德联、刘晓雨(2005)和施光亨(2012)进行对比后,发现仅有 14 个格式是重合的(形式相同,意义相近或相同):别看、不瞒你说、话是这么说、话(得/又)说回来、就是了、看你说的、哪儿的话、说的是、我说呢、无所谓、(不)要说[句首]、要我说、这么说、真是。如果再和《汉语水平等级标准与语法等级大纲》进行对比,发现重合的格式更少。因此,本研究取刘德联、刘晓雨(2005)和施光亨(2012)共同的口语格式并适当整合,再补充一些话语标记。这也说明到底哪些口语格式是常用格式,目前缺乏统一观点。

体特征标记值得思考。我们暂且以《汉语水平词汇与汉字等级大纲》(修订本)为依据,将其中所有的惯用语作为语体特征标记①:

  丙级:出难题、出洋相、开夜车、碰钉子、伤脑筋、有两下子、走后门儿、走弯路

  丁级:爱面子、半边天、大锅饭、东道主、铁饭碗

俗语,也叫俗话。《现代汉语词典》(第7版)解释为:通俗并广泛流行的定型的语句,简练而形象化,大多数是劳动人民创造出来的,反映人民的生活经验和愿望,如"天下无难事,只怕有心人"。谭汝为(2009)认为俗语属于口语语体。我们查询BCC语料库微博语料和科技语料,"天下无难事,只怕有心人"分别出现5次、15次,"人怕出名,猪怕壮"分别出现92次、32次。冯胜利(2010)认为"正式与非正式(书面体/口语体)""典雅与便俗(文雅体/白话体)"是构成语体的两对基本范畴。因此俗语从整体上来看既对应于白话体,也对应于非正式语体,但是具体用例情况和惯用语一样,比较复杂。考虑到俗语总体上使用比例不高,我们在本研究中暂不列为语体特征标记,将来有机会再深入探讨。

(三)其他非正式语体特征标记

英语的语体特征标记中涉及词类的成果较多,受此影响,汉语语体特征研究中也有对具体词类语体使用情况进行比较的研究。研究发现第一/第二人称代词多用于口语语体(吴东英等2004;马明艳2017);口语体中量词比例高(刘艳春2012),多用副词、代词(黄伟、刘海涛2009),多用语气词(吴东英等2004;马明艳2017;崔嵘等2018;崔希亮2020),多用感叹词(吴东英等2004)。

语体与重叠也有关联,一般认为重叠多用于口语语体,如重叠多用于口语(华玉明2002)、动词重叠多用于口语体(王永娜2008、2010;刘世亮2012;王丽娟2018)。

现有研究表明,部分动词结构、介词、副词、连词多用于口语。动词相

---

① 该统计由硕士研究生汲文芳协助完成,主要参考了苏向丽(2007)。

关结构多用于非正式体:VN 的(N)(王永娜 2015a);V+N+V+XP,V+NP+去,V+个+X,V+了+老鼻子+NP,V 够了,V 来 V 去,V 什么 V,爱 V 不 V(王永娜 2017)。介词用于口语:跟(朱军、戴春蕾 2012;马明艳 2017);给(表被动)(卢芸蓉、朱军 2013);把,被,叫,让,对,打,到,往,当,跟,给,顺着,沿着,随着,为着,为了,除了(吴春相 2013);因为(赵宗飒、姚双云 2016);用(马明艳 2017)。副词多用于非正式语体:又(不、没)(彭小川 1999);真(来思平 1999);从来(朱庆洪 2017);一共(谭晓娅 2018)。连词用于口语:所以(姚双云 2009)。

另外有研究认为条件标记多用于口语,如姚双云(2014)认为条件标记在口语中的频次是书面语的 2.3 倍。这些条件标记为:只要、只有、要是、要不、要不是、无论、不论、除非、不管、如果、如果说、假如、假设、假若、倘若、假使、若是、若不是、设若、万一、一旦、的话。①

有研究发现部分句式多用于口语,如张豫峰(2000)认为"得"字句多用于文艺语体,张伯江(2012)认为"把"字句、"V+了$_1$+O+了$_2$"在口语中使用更多②,王丽娟(2018)认为正反问在口语中多用。

还有研究认为口语中多用轻声、儿化(崔嵘等 2018;崔希亮 2020)。

根据 BCC 语料库微博语料和科技语料的统计对比,吴春相(2013)列出的不少介词、姚双云(2009)提出的"所以"、姚双云(2014)提出的不少条件标记,均未得到证实。我们根据语料库检验结果,将两种语体频率差异相对不大的暂时删除,比如"假如、假使、若是、若不是、万一"。不少格式使用 BCC 语料库现有的检索条件难以查询,如王永娜(2017)提出的动词结构、动词重叠等。另外,考虑到语料库分词及检索工具限制,我们对部分学者提出的"单音动词""V+了$_1$+O+了$_2$"也暂不予考察。基于以上原因,汇总本研究所考察的非正式语体特征标记,通过对比所总结的语体特征标记在微博语料、科技语料中每百万字出现的频率,整理如表 3.2。

---

① 我们用 BCC 语料库统计发现,除了"的话"外,其他标记在正式语体中的使用频次更高。
② BCC 语料库统计发现,"把"字句在科技语料中的使用频率高于微博语料。因此这一特征不列入语体标记。语料统计发现"把"字句在正式语体中更多,与已有发现不太一致。

表 3.2　非正式语体特征标记频率比较

语体特征标记	小类	次数/频率（微博）	次数/频率（科技）	卡方值	p 值
词类	副词	50349162/16783	43325410/14442	534996	0.000
	代词	50146527/16716	28873566/9625	5803313	0.000
	叹词	1902110/634	15147/5	1857739	0.000
	语气词	13873044/4624	1541365/514	9890873	0.000
叹词	哦	29062/10	218/0	28413	0.000
语气词	吧	107397/36	1018/0	104381	0.000
	呢	39737/13	1228/0	36199	0.000
	啊	116956/39	1120/0	113639	0.000
	吗	38114/13	1313/0	34348	0.000
第一、二人称代词	我	7166139/2389	1852174/617	3135921	0.000
	你	1889771/630	160859/54	1458164	0.000
	你们	155077/52	0/0	155079	0.000
	您	49972/17	24007/8	9113	0.000
副词及相关结构	一共	3605/1	2779/1	107	0.000
	从来	69359/23	19996/7	27269	0.000
	又不	76543/26	48076/16	6502	0.000
	又没	20565/7	6135/2	7798	0.000
	真＋A	239597/80	12696/4	204071	0.000
介词	跟	135778/45	18612/6	88918	0.000
	因为	55885/19	41377/14	2164	0.000
条件标记	不管	45365/15	22419/7	7767	0.000
	要是	28578/10	4123/1	18287	0.000
	要不是	3268/1	302/0	2463	0.000

续表

语体特征标记	小类	次数/频率（微博）	次数/频率（科技）	卡方值	p 值
句式	V 得	661667/221	489361/163	25798	0.000
	A 得	144633/48	64607/22	30607	0.000
	疑问句	535999/179	324/0	535074	0.000
儿化	名＋儿	69009/23	11968/4	40179	0.000

（四）非正式语体特征标记小结

考虑到在基本项目中的词汇密度已经涉及词类，另外副词、代词、叹词、语气词都有具体的词，为避免重复统计，我们未把"副词、代词、叹词、语气词"列入非正式语体特征标记进行整体计算，但是会单独参考其在语料库中的分布情况。

表 3.3　非正式语体特征标记汇总

语体特征标记	小类或实例
词类	副词、代词、叹词、语气词
叹词	哦
语气词	吧、呢、啊、吗
第一、二人称代词	我、你、你们、您
副词及相关结构	一共、从来、又不、又没、真＋A
介词	跟、因为
条件标记	不管、要是、要不是
句式	V 得、A 得、疑问句
儿化	名＋儿
口语格式	"巴不得、罢了"等共 75 个
惯用语	出难题、出洋相、开夜车、碰钉子、伤脑筋、有两下子、走后门儿、走弯路、爱面子、半边天、大锅饭、东道主、铁饭碗

3.2.3 正式语体特征标记

(一) 文言结构与合偶词

"现代汉语书面语是在近代白话基础上,融合了文言、方言及其他语言(主要是西方语言)的成分,经过一百多年发展而成的汉语书写语。同口语相比,它具有相对独立的表达形式和表达功能。在其形成和发展过程中,文言语法成分起到了十分重要的作用,是现代汉语书面语正式、典雅语体风格的主要决定因素。"(孙德金 2012b)

冯胜利(2006b)列举了现代汉语书面语中使用的古句式,每一句式都与相应的白话格式进行比较。所列古句式既包括句法格式,也包括一些具体的短语结构,甚至包括一些词(比如"智者""仁者"),因此用"古句式"概念似有不妥。孙德金(2010c)的"文言语法成分"概念指的是"于、者、以、而、之"作为语法成分的使用情况,不包括以这些语法成分构成的词组(如"有助于、适用于")。因此,我们认为使用"古句式"或"文言语法成分"概念均名实不符,故而采用"文言结构"的概念以避免歧义。"文言结构"指的是以文言成分构成的词、词组、句式等结构。

将文言结构作为正式语体特征标记,学界已有共识。李泉(2003b)认为文言虚词是汉语书面语体;卢芸蓉、朱军(2014)把文言结构作为正式语体的标志之一;崔嵘等(2018)也将文言结构作为典雅语体的代表来研究;崔希亮(2020)将文言结构作为正式语体的最典型的标志之一,认为其正式度最高。

冯胜利(2006b)所列 213 条文言结构中,有些可以归并为一类。我们将包含"者"字的结构归并为一类,与之类似的结构还有"于、之、而、以"等。其中,"于"类结构 40 条、"者"类 20 条、"之"类 25 条、"而"类 13 条、"以"类 16 条,共计 114 条。统计时不计"于、之"组重合 4 条,"者、之"组重合 2 条,"者、于"组重合 1 条,共计 107 条,约占冯胜利(2006b)所列文言结构总条数的 50.23%。因此考察这 5 类文言结构具有一定的代表性。

冯胜利(2006b)除了列举文言结构之外,还列举了嵌偶词、合偶词。

由于嵌偶词不单独使用,需要搭配成双才能使用,在语料库检索中需要逐词辨认,研究难度大。合偶词则容易实现批量检索,可以作为正式语体特征标记进行考察。我们以王永娜(2015c)所列1313个合偶词为检索对象。①

(二)成语

成语是人们长期以来习用的、简洁精辟的定型词组或短句。不少学者都将成语作为典型书面语的重要特征。如叶景烈(1990)将成语典故作为文言词语的一部分,看作书面语体的一个重要特征;谭汝为(2009)也认为成语属于书面语体;崔希亮(2020)认为成语的正式度仅次于文言结构,位列第二层级。

在BCC语料库中,30亿字微博语料中检索到的成语数量为2138140次,30亿字科技语料中成语共出现2569583次,卡方值为39570,差异非常显著($p=0.00$),表明成语多用于正式语体。

由于成语数量大,不同的成语词典收录范围不同,我们在考察语体特征标记时参考BCC语料库所列的成语表(4486个)。

(三)其他正式语体特征标记

(1)词类

黄伟、刘海涛(2009)认为正式语体中名词比例高,马国彦(2011)、王永娜(2017)都认为"N的V"(如"教室的打扫")属于正式体。这和英语学界的研究结论类似(雷秀云、杨惠中 2001;杨信彰 2006;蒋艳 2012;楚建伟、高云 2014),在书面语中动词出现名词化的现象更多见。冯胜利(2018)的泛时空理论可以进行解释,越正式的表达越抽象,越远离具体的时空环境,因此非正式和正式可以从具时空和泛时空的角度来揭示深层原因。

汉语学界一般认为"N的V"结构是欧化的结果,首先大量使用于翻译文字,随后逐步推广到汉语书面语的各种语体,逐渐成为现代汉语书面语与五四运动前旧白话的显著区别之一。"欧化造成了一批基本上只能由书面语、或曰正式语体独自占有的语法形式和语法习惯,这些语法形式和语

---

① 合偶词总数共1313个,并不是王永娜(2015c)所注的1395个;动词合偶词的第(1)小类谓位动词合偶词共776个,不是775个。

法习惯的产生使语体分化逐渐成为汉语语法的重要事实。"(贺阳 2008a)

王培光(2012)认为书面语体有以下特征:实词(名、动、形)较多,第一人称、第二人称代词占比低,第三人称代词占比高。其中名词、代词的比例这两点已经被证实,但是动词、形容词的比例由于前期成果不多,我们暂不涉及。

由于非正式语体特征标记已经把代词放入,名词类中我们把名动词、"N 的 V"放入正式语体特征标记。

(2)音节

书面语中双音节词比例高(刘艳春 2013),张文贤等(2012)也认为同义的单双音节词中双音节更多用于书面语中。单双音节已经在基本项目中的平均词长有所体现,此处不再重复。

(3)具体词

副词:彭小川(1999)比较了"又"和"并"的差异,认为"并"多用于正式语体;朱庆洪(2017)发现时间副词"历来"多用于正式语体;谭晓娅(2018)认为范围副词"共"多用于科技语体,因此属于正式语体特征;朱庆洪(2018)发现副词"屡屡、频频"多用于正式语体。

连词:朱军、戴春蕾(2012)发现连词"并、(而/并)且、而(又)、(以)及、与、同"有书面语倾向,王永娜(2012)论证了"和"字动词性并列结构属于书面正式语体。

介词:吴春相(2013)通过语料库统计发现,介词"自、以、于、令、因、与、依、自从、按照、关于、对于、由于、除非、依照、通过"多用于书面语体;马明艳(2017)把介词"以、与"作为书面语体特征。

代词:孙德金(2010a)认为"其"是书面语中常用的文言成分,那么"其"一定用于正式体。

(4)话语标记和插说成分

话语标记:董秀芳(2007)认为"只见"是现代汉语书面语中的话语标记,孟晓亮、侯敏(2009)将"众所周知、简言之"作为科技语体的话语标记,袁晖(2011a)将"简言之、换言之"作为科技语体的特征之一,阚明刚、侯敏(2013)把"此外、据了解、请看报道、不过、另外、为此、因此、据悉、据介绍、随后"作为书面语体的话语标记；袁晖(2011b)将"总之、总起来看、总而言之、综上所述、归根结底、一句话、简言之、由此可见"作为科技语体的插说成分。本文将插说成分纳入"话语标记"，不再区分二者的异同。

(5)句式

林文金(1983)把句式"……为……所……、莫非……不成、予以(予、加以)+双音节动词、以……为+形容词(形容词性词组)"归为书面语体，徐静茜(1985)认为"是……的"多用于书面语体，王永娜(2011a)论证了"V+向/往+NP"是书面正式语体，王永娜(2015b)认为判断句多用于正式语体。

卢芸蓉、朱军(2013)认为被动句的口语性由强到弱呈下列递减趋势：给/叫/让＞被＞由＞被……所/为……所/由……所。通过语料统计发现"被……所/为……所"多用于散文体、学术体，也就是说这类被动句更正式。我们认为"所"字也属于文言成分，因此与其组成的结构更多用于正式体。BCC 语料库统计数据发现"被 V、被……V、被……所/为……所/由……所"在正式体中出现得更多一些。

根据 BCC 语料库的统计，我们发现学界有一些正式语体特征标记的认定不能得到验证，因此暂不列入本研究，如话语标记"不过、一句话"，检索发现其在微博语料中的使用次数要高于科技语料。另外有些新闻报道常用的"请看报道"不列入。"除非、依、V 往 N"在微博语料和科技语料中的频次差距不大，也暂不列入。正式语体特征标记在微博语料、科技语料中的频率如表 3.4 所示。

表 3.4 正式语体特征标记频率比较

大类	小类	次数/频率（微博）	次数/频率（科技）	卡方值	p 值
名词类	N 的 V	1106256/369	34453/11	1007249	0.000
	名动词	50890248/16963	10128985/3376	27508558	0.000
副词及相关结构	并不	290289/97	110655/37	80485	0.000
	并没	64444/21	20383/7	22886	0.000
	共	112148/37	28667/10	49491	0.000

续表

大类	小类	次数/频率（微博）	次数/频率（科技）	卡方值	p 值
连词	而	1291562/431	318581/106	588112	0.000
	(V)和(V)	485736/162	61424/20	329074	0.000
	与	1551928/517	221475/74	998434	0.000
动词	令	20057/7	13305/4	1366	0.000
介词	因	156830/52	57220/19	46355	0.000
代词	其	1251986/417	112355/37	952146	0.000
话语标记	总之	64676/22	15661/5	29904	0.000
	总而言之	3554/1	930/0	1534	0.000
	简言之	3036/1	122/0	2687	0.000
	综上所述	25312/8	205/0	24702	0.000
	归根结底	4073/1	1135/0	1656	0.000
	由此可见	34922/12	737/0	32770	0.000
	换言之	9554/3	349/0	8554	0.000
	众所周知	19418/6	1965/1	14244	0.000
句式	为……所V	22534/8	2065/1	17031	0.000
	予以	39244/13	1833/1	34071	0.000
	予	33840/11	7880/3	16152	0.000
	加以	60416/20	2368/1	53668	0.000
	以……为A	7949/3	929/0	5549	0.000
	V向N	77445/26	15105/5	41990	0.000

（四）正式语体特征标记小结

我们将重合的部分进行归并，比如连词"而"放入"而"字结构，"总之、总而言之、简言之、换言之"放入"之"字结构，"予以、加以、以……为A"放入"以"字结构。最后将正式语体特征标记汇总，见表3.5。

表 3.5 正式语体特征标记汇总

大类	小类
名词类	N 的 V、名动词
副词及相关结构	并不、并没、共
连词	(V)和(V)、与
动词	令
介词	因
代词	其
话语标记	综上所述、归根结底、由此可见、众所周知
句式	为……所 V、予①、V 向 N
文言结构	"于"字结构、"者"字结构、"之"字结构、"而"字结构、"以"字结构
成语	4486 个
合偶词	1313 个

3.3 本章小结

本章在总结学界现有研究成果的基础上,辅以语料库验证,概括出了区别语体特征的三类标记群:基本项目、非正式语体特征标记、正式语体特征标记。在这些语体特征标记中重点参考了语体语法理论所提出的合偶词、文言结构。

基本项目又分为四类:平均词长、词汇密度、词汇丰富程度(型次比)、平均句长。这四个项目可以作为判断正式与否的参考标准②。非正式语

---

① 我们根据林文金(1983),把"予"看作句式之一,不放入具体的动词类。其实"予"在语体语法理论看来,属于嵌偶单音词,经常要成双才能使用,比如"不予、将予、可予、未予、应予"等。具体可参见黄梅(2015)。

② 应该承认,虽然这些项目在前人研究中屡次被证实,但很难在对外汉语教学实践中具体运用,也就是说一个汉语二语学习者很难通过这些项目来调整输出文本的正式度。

体特征标记分为 10 个大类,正式语体特征标记分为 11 个大类,分别通过具体的词、语法格式、句式等来呈现。这两大语体特征标记群和基本项目一起,互相印证,能够更科学、准确地判断一个文本的语体属性,具体见表 3.6。

表 3.6　语体特征标记总表

类别	具体项目
基本项目	平均词长、词汇密度、型次比、平均句长
非正式语体特征标记	词类(副词、代词、叹词、语气词)、叹词(哦)、语气词(吧、呢、啊、吗)、第一/二人称代词(我、你、你们、您)、副词及相关结构(一共、从来、又不、又没、真+A)、介词(跟、因为)、条件标记(不管、要是、要不是)、句式(V得、A得、疑问句)、儿化(名+儿)、口语格式("巴不得、罢了"等)、惯用语("出难题、出洋相"等)
正式语体特征标记	名词类(N 的 V、名动词)、副词及相关结构(并不、并没、共)、连词[(V)和(V)、与]、动词(令)、介词(因)、代词(其)、话语标记(综上所述、归根结底、由此可见、众所周知)、句式(为……所 V、予、V 向 N)、文言结构("于"字结构、"者"字结构、"之"字结构、"而"字结构、"以"字结构)、成语、合偶词

之所以更多地选择具体的词、语法格式、句式作为语体特征标记,主要是考虑到教学实践中可以运用。如果语体特征标记都非常抽象,即使能够判断语体属性,在对外汉语教学实践中发挥的作用也有限。这些语体特征标记都可以从两个角度去分析,通过对整体语料中所有特征的计算,来推断汉语二语学习者书面语中是否存在口语化或典雅度不足的问题。口语化指语体的非正式程度,典雅度则指语体的正式程度。

我们对非正式语体特征标记和正式语体特征标记分开进行总结,并不表示非正式语体特征标记只能预测非正式性,不能预测正式性;也不表示正式语体特征标记只能预测正式性,不能预测非正式性。也就是说,非正式语体特征标记主要预测非正式性,也能预测正式性。比如,我们用非正式语体特征标记对留学生的书面文本进行语体检测,发现其非正式语体特征标记使用明显多于汉语母语者,则可以说明留学生书面语的非正式度比汉语母语者高,正式度比汉语母语者低。用正式语体特征标记进行语体属性检测也是如此判断。

  基本项目、非正式语体特征标记、正式语体特征标记三个标准互相印证,互为补充,使得研究的科学性能有保证。当然,语体特征标记的选择,最为理想的是对大型口语语料库和书面语语料库进行对比,通过因子分析,找出真正决定语体属性的特征,即采用自下而上的方法,发现真正区分口语和书面语的特征。目前由于缺少可用的大规模口语语料库,因此这一设想只能留待未来实现。

第四章

留学生汉语书面语体习得总体情况研究

本章主要从在线语料库、自建语料库两个角度,选取不同的语体特征标记,考察留学生习得汉语书面语体的总体情况。基于在线语料库的研究,因检索受限,仅选取 61 个常用口语格式进行比较,而自建语料库则采用第三章所归纳的三大类语体特征进行更为细致、深入的研究。

4.1 基于在线语料库的留学生汉语书面语体习得研究[①]

4.1.1 语料来源与研究方法

本研究语料一部分源于北京语言大学 HSK 动态作文语料库,语料总数 11569 篇,424 万字;一部分源于国家语委现代汉语平衡语料库(以下简称"平衡语料库"),约 2000 万字,该语料库的语料多样、均衡,可作为汉语母语者使用书面语的典型代表。

我们通过筛选一定数量的汉语常用口语格式,在 HSK 动态作文语料库中进行穷尽检索,并将检索结果与平衡语料库进

[①] 该部分内容在汲传波、刘芳芳(2015)基础上补充、完善而成。

行对比,验证留学生汉语书面语中是否具有口语化倾向,以及不同国别的留学生汉语书面语中口语格式使用是否存在差异。

确定口语格式时,以《汉语口语常用句式例解》(刘德联、刘晓雨 2005)和《汉语口语词词典》(施光亨 2012)作为选择常用口语格式的依据。为了使研究更为准确,我们缩小了研究范围,选择更恰当的研究对象,以这两本书都收入的61个口语格式在HSK动态作文语料库中进行初步检索,排除没有检索到的格式,共确定37个口语格式为本研究的考察对象(详见表4.2)。

一般认为典型的口语是面对面的对话,典型的书面语是议论文。我们虽然把语料库中的作文都视为留学生书面语语料,但是为了区分典型和非典型,又通过分析作文题目将语料分为记叙文体和议论文体两大类。记叙文体是非典型的书面语,议论文体是典型的书面语。记人、叙事类的作文归入记叙文体,比如"记对我影响最大的一个人""一封写给父母的信""我的城市/乡村生活""记我的父亲""我的童年""我的一个假期"等。表达观点类的作文归入议论文体,比如"如何看待'安乐死'""静音环境对人体的危害""如何面对挫折""由'三个和尚没水喝'想到的""吸烟对个人健康和公众利益的影响""如何解决代沟问题""父母是孩子的第一任老师""学习汉语的苦与乐""我对男女分班的看法""如何看待'妻子回家'""我看流行歌曲""绿色食品与饥饿""我对离婚问题的看法"等。

我们对37个口语格式逐一在HSK动态作文语料库和平衡语料库中检索,得到使用总次数。然后根据各语料库的规模,计算出各口语格式的标准化频率(每百万字)①。另外,我们还对这些口语格式在HSK动态作文语料库中的记叙和议论两种文体中的使用频率分别进行了统计,对不同国别的留学生所使用的口语格式频率也进行了统计。②

---

① 本节表格中,口语格式的频率计算公式为"出现总次数/总字数(百万字)"。
② 需要说明的是,因为某些格式有不同的语义,在统计时以《汉语口语常用句式例解》和《汉语口语词词典》的解释为准。比如,对"好了"这一格式,只统计其在句首位置、独立作为小句使用的例句;对"要说"这一格式,也只统计其位于句首时的用例;对"没什么"这一格式,只统计其单用的用例,不统计诸如"没什么钱"之类的用法。

4.1.2 口语格式在两大语料库中的频率比较

通过统计37个口语格式在HSK动态作文语料库和平衡语料库中的使用总次数,我们得出了标准化频率,见表4.1。

表4.1 37个口语格式在语料库中的频率比较

HSK动态作文语料库频率		平衡语料库频率
258.02①		145.75②
记叙文体(436.55)	议论文体(202.84)	

如表4.1所示,37个口语格式在HSK动态作文语料库中的频率为258.02,要远远高于这些格式在平衡语料库中的频率145.75,运用Chi-square and Log Likelihood Calculator进行计算,卡方值为265.98,p 值小于0.01($p=0.00$)。由此来看,37个口语格式在HSK动态作文语料库和平衡语料库中的使用存在显著差异。即使只看37个口语格式在HSK动态作文语料库议论文体(典型的书面语体)中的频率202.84,也要高于其在平衡语料库中的统计数据,卡方值为58.75,p 值小于0.01($p=0.00$)。这些数据说明,外国留学生书面语中使用口语格式的频率要高于汉语母语者,据此可以证实外国留学生书面语中确实有口语化倾向。虽然研究方法不同,但是我们的这一发现进一步印证了韩莹(2008)、刘圣心(2008)、张憬霞(2009)等的研究结论。同时,这一研究结果也与英语作为第二语言教学界的发现一致(文秋芳等2003;文秋芳2009;潘璠2012),即英语作为外语学习的学习者书面语中有口语化倾向。

汉语二语学习者在书面语中有口语化倾向的原因不难解释。首先是目前对外汉语教学界对语体的重视程度不够,在教材编写、课堂教学、测

---

① 此处指的是记叙文体和议论文体的频率均值。
② 汲传波、刘芳芳(2015)计算口语格式在平衡语料库中的频率时,采取非常严格的标准,未将口语格式"你看"的数据列入。本研究对此作了修正,认为口语格式"你看"只要放在句子开头,都计入在内,因此数据有所调整。虽然个别数据进行了微调,但最终研究结论并未受此影响。需要说明的是,本节在汲传波、刘芳芳(2015)基础上又对口语格式的频率进行了卡方检验,使结论更为科学。

试等诸多环节都很少涉及语体,这必然导致留学生不能真正地区分汉语书面语和口语,导致其语体意识薄弱。其次,可能因为提高留学生的语体意识有一定的难度,教师往往不得要领,不知如何进行教学才更有效。有学者就曾敏锐地指出,语体习得与语言习得的显著不同点是:"语言习得大致有个时限,可以规定出个习得标准;而语体意识习得则不然,既无时限,也很难找出个共同的标准。"(丁金国 1997)既然如此,留学生在语体能力方面的欠缺似乎也是必然。这说明,外国留学生即使作文成绩取得高分,也需要在语体方面继续努力。我们在对海外本土中文教师的培训中也发现,有些教师虽有多年中文教学经验,汉语口语水平也非常高,但仍然对汉语语体的区分不甚清楚。

4.1.3 具体情况分析

(一)外国留学生使用口语格式的具体情况

表 4.2 显示,外国留学生在书面语中对 37 个口语格式使用最多的是"不好意思(50.94)",而使用最低的为"本来嘛(0.24)、别看(0.24)、够朋友(0.24)、说白了(0.24)",最高与最低的使用频率之比高达 212.25∶1。产生以上结果的原因有四点:第一,外国留学生对汉语口语格式掌握的熟练程度不同,对"不好意思、就这样(吧/了)"等掌握得比较熟练,而对"够朋友、说白了"等不甚熟悉;第二,对外汉语教学实践中语体教学薄弱导致留学生语体意识薄弱,部分汉语口语格式留学生掌握得较好,但是不清楚其语体使用特点,在书面语中使用过多;第三,可能是作文话题的限制,导致留学生对部分口语格式使用较少;第四,这些口语格式本身也有使用频率的高低差异。

表 4.2 口语格式在 HSK 动态作文语料库中的频率排序

排序	口语格式	次数/频率	排序	口语格式	次数/频率
1	不好意思	216/50.94	4	没问题	88/20.75
2	就这样(吧/了)	148/34.91	5	不得了	81/19.10
3	无所谓	89/20.99	5	不用说	81/19.10

续表

排序	口语格式	次数/频率	排序	口语格式	次数/频率
7	不怎么(样)	66/15.57	22	你说呢	5/1.18
8	对了	61/14.39	22	说真的	5/1.18
9	好了	36/8.49	25	没劲	4/0.94
10	你看	34/8.02	26	没什么	3/0.71
11	罢了	27/6.37	26	有的是	3/0.71
11	话(得/又)说回来	27/6.37	26	怎么搞的	3/0.71
13	(不)要说	21/4.95	29	话是这么说	2/0.47
14	算了	18/4.25	29	说不好	2/0.47
15	就是了	16/3.77	29	说了算	2/0.47
16	不像话	9/2.12	29	要我说	2/0.47
17	不要紧	8/1.89	29	一句话	2/0.47
18	没事儿	7/1.65	34	本来嘛	1/0.24
18	再说吧	7/1.65	34	别看	1/0.24
20	巴不得	6/1.42	34	够朋友	1/0.24
20	怪不得	6/1.42	34	说白了	1/0.24
22	(就)得了	5/1.18			

(二)外国留学生在书面语中过多使用的口语格式

只比较37个口语格式在HSK动态作文语料库中频率的差异,无法确切地知道到底哪些口语格式被留学生在书面语中过多使用。为此,我们把37个口语格式在HSK动态作文语料库中的标准化频率与其在平衡语料库中的标准化频率进行了比较,计算卡方值,结果见表4.3。

举例来说,"不得了"这一口语格式在HSK动态作文语料库中的使用频率为19.10,在平衡语料库中的使用频率为3.55,二者之间的差为15.55。这一结果为正数,卡方值为132.50,p值小于0.01,说明留学生在书面语中使用"不得了"这一口语格式的频率要高于汉语母语者。

第四章　留学生汉语书面语体习得总体情况研究　57

表 4.3　外国留学生比汉语母语者多用的口语格式

口语格式	次数/频率(外)	次数/频率(汉)	卡方值	p 值
不好意思	216/50.94	188/9.40	359.78	0.00
对了	61/14.39	12/0.60	216.25	0.00
没问题	88/20.75	45/2.25	214.97	0.00
不怎么(样)	66/15.57	44/2.20	134.79	0.00
不得了	81/19.10	71/3.55	132.50	0.00
无所谓	89/20.99	105/5.25	106.34	0.00
不用说	81/19.10	98/4.90	93.66	0.00
好了	36/8.49	47/2.35	36.75	0.00
话(得/又)说回来	27/6.37	33/1.65	29.58	0.00
再说吧	7/1.65	0/0.00	27.55	0.00
就这样(吧/了)	148/34.91	451/22.55	21.12	0.00
没事儿	7/1.65	2/0.10	18.68	0.00
不像话	9/2.12	9/0.45	11.02	0.00

表 4.3 表明，外国留学生比汉语母语者多用 13 个口语格式，并且所有格式的 p 值均小于 0.01，这说明外国留学生相比汉语母语者更倾向于在书面语中多用这些格式。

(三)外国留学生比汉语母语者少用的口语格式

根据表 4.4 可知，与汉语母语者相比，外国留学生在书面语中也少用一些口语格式。其中，"罢了、别看、不要紧、你看、怪不得"5 个口语格式在两个语料库中频率差异非常显著，p 值小于 0.01；"一句话、怎么搞的"差异显著，p 值小于 0.05。和外国留学生多用的口语格式相比，其少用的口语格式数量少。具体原因我们在前文也进行了分析。

表 4.4　外国留学生比汉语母语者少用的口语格式

口语格式	次数/频率(外)	次数/频率(汉)	卡方值	p 值
罢了	27/6.37	359/17.95	28.75	0.00
别看	1/0.24	121/6.05	22.36	0.00
不要紧	8/1.89	182/9.10	22.31	0.00

续表

口语格式	次数/频率(外)	次数/频率(汉)	卡方值	p 值
你看	34/8.02	344/17.20	18.33	0.00
怪不得	6/1.42	105/5.25	10.41	0.00
一句话	2/0.47	59/2.95	7.58	0.01
怎么搞的	3/0.71	53/2.65	4.90	0.03

（四）外国留学生与汉语母语者使用无显著差异的口语格式

表 4.5 显示，虽然有 6 个口语格式外国留学生使用的频率稍高于汉语母语者，有 11 个口语格式汉语母语者使用的频率稍高于外国留学生，但是 p 值显示并无显著差异。这意味着无法说明表 4.5 中所列的 17 个口语格式在两个语料库中哪一方多用或少用。

表 4.5 外国留学生与汉语母语者使用无显著差异的口语格式

口语格式	次数/频率(外)	次数/频率(汉)	卡方值	p 值
话是这么说	2/0.47	2/0.10	1.11	0.29
要我说	2/0.47	2/0.10	1.11	0.29
说不好	2/0.47	4/0.20	0.23	0.63
（就）得了	5/1.18	17/0.85	0.13	0.71
本来嘛	1/0.24	3/0.15	0.07	0.79
没劲	4/0.94	17/0.85	0.01	0.92
（不）要说	21/4.95	127/6.35	0.90	0.34
算了	18/4.25	132/6.60	2.77	0.10
就是了	16/3.77	80/4.00	0.01	0.94
巴不得	6/1.42	30/1.50	0.01	0.93
你说呢	5/1.18	29/1.45	0.04	0.84
说真的	5/1.18	35/1.75	0.39	0.53
没什么	3/0.71	43/2.15	3.11	0.08
有的是	3/0.71	17/0.85	0.00	1.00
说了算	2/0.47	34/1.70	2.77	0.10
够朋友	1/0.24	8/0.40	0.00	0.95
说白了	1/0.24	7/0.35	0.01	0.93

4.1.4 不同国别留学生书面语中的口语格式使用情况

为了了解不同国别的留学生在汉语口语格式使用上的差异,以便能够进行有针对性的语体教学,我们对这 37 个口语格式的使用情况进行了分国别统计。使用 37 个口语格式的留学生来自 41 个国家,其中 13 个国家的留学生仅使用一次,它们是葡萄牙、塔吉克斯坦、奥地利、希腊、约旦、罗马尼亚、瑞士、芬兰、保加利亚、土库曼斯坦、意大利、秘鲁和西班牙。考虑到这种情况,本文只对使用大于和等于 5 次的进行统计,共有 13 个国家(见表 4.6)。

HSK 动态作文语料库中没有各国留学生作文的字数说明,需要我们通过检索各国留学生作文篇数进行计算。我们先检索到要统计的 13 个国家的留学生作文篇数,除以总篇数 11569,再乘以 424 万字,得出各国留学生作文字数。然后用口语格式的出现次数除以各国留学生的作文字数(百万字),得出频率。比如,韩国留学生在 HSK 动态作文语料库中的篇数最多(4171 篇),在语料库中约占 36.05%。因为语料库的语料总字数为 424 万字,所以根据韩国留学生的作文所占比例可以大致推算出韩国留学生的语料总字数为 152.87 万字。因为韩国留学生使用 37 个口语格式的总次数为 454 次,所以其使用频率为 297。

表 4.6 不同国家留学生口语格式使用比较

国家	柬	蒙	德	韩	印①	日	缅	英	越	新②	泰	马	澳
篇数	23	59	43	4171	739	3211	202	108	221	843	374	422	123
次数	6	15	6	454	77	309	19	10	18	63	26	29	7
频率	712	694	381	297	284	263	257	253	222	204	190	188	155

表 4.6 说明,从口语格式使用这一角度来看,不同国家的留学生汉语书面语中的口语化倾向存在差异,在这 13 个国家中,柬埔寨留学生使用

---

① 印,指印度尼西亚。

② 新,指新加坡。

口语格式的频率最高,澳大利亚留学生最低。本研究结论和英语教学界的研究成果相似,比如文秋芳等(2003)的研究也发现不同母语背景的英语学习者书面语中口语化倾向的程度并不完全一样。表4.6中越靠前的国家,该国留学生在汉语书面语中越多地使用口语格式,更多地表现出口语化的倾向。柬埔寨、蒙古国、德国等国家留学生的书面语中存在的口语化倾向值得特别关注。当然这一结论还需在更多的研究中得到证实。另外,需要说明的是,本研究仅是从一个维度去观察留学生的口语化倾向所作出的判断,不排除运用更多的语体区别特征之后,不同国家留学生口语化倾向的排序有所变化。另外,从表4.6的统计也可以看出,虽然韩国、日本留学生的作文篇数和使用汉语口语格式的次数均排在前2位,但是其使用汉语口语格式的频率并不属于最高,韩国排第4位,日本排第6位。文秋芳等(2003)认为造成英语作为第二语言学习者书面语中口语化倾向存在差异的原因有多种,一个原因可能是英语水平的差异,另一个原因可能是教学方法的不同导致了不同的学习效果。从韩、日留学生的情况来分析,我们认为造成差异的原因更可能是这两个国家学生的学习策略、性格特点的不同。在教学实践中我们会发现,日本留学生往往比韩国留学生更不爱开口说话,这可能是导致日本留学生比韩国留学生口语格式使用频率低的一个重要原因。当然,也有可能在HSK动态作文语料库中韩国学习者的汉语水平整体略低于日本学习者,从而造成韩国学习者的口语化倾向更明显。当然,这一统计还只是初步的,后文会从HSK动态作文语料库中抽取韩国、日本、欧美学生的语料,进行更为深入的比较研究。另外,柬埔寨、蒙古国、德国留学生的汉语书面语语料数量太少,不能单独建成语料库进行深入研究,待将来有可用的语料库后再进行研究。

4.2 基于自建语料库的对比研究

上节主要基于在线语料库对部分口语格式在学习者语料库和母语者语料库中的使用情况进行初步对比分析,发现学习者书面语中存在一定的口语化倾向。由于在线语料库批量检索受限,对更多数量的语体特征标记进行对比存在困难,分国别、分水平比较时很难精确计算出语料库的字、词数,这促使我们自建对比语料库,以方便在更大范围进行检索,进一步验证汉语二语学习者书面语中存在口语化倾向这一结论的可靠性。

4.2.1 语料来源及研究方法

我们从 HSK 动态作文语料库中按照分数段随机抽取 50 分、70 分、90 分的作文各 300 篇,不分国别,不分文体,合成一个小型的中介语语料库,然后对文本进行深度清洁、整理,通过厦门大学 segtag 分词软件进行分词。该语料库的库容量①(字)为 331524,库容量(词)为 233738。对比语料库则为中国高中生作文语料库,库容量(字)为 258553,库容量(词)为 181534。

语料库建好之后,按照基本项目、非正式语体特征标记、正式语体特征标记进行批量检索,对部分词、语法结构进行逐句核对,计算出基本项目的数值和语体特征标记的原始频数;然后利用原始频数换算出标准化频率(每千词)②。在此基础上,运用卡方检验,分别对所有非正式语体特征标记、正式语体特征标记在两个语料库中的分布进行差异性检验。

4.2.2 基本项目对比

(一)平均词长

根据公式"平均词长=库容量(字)/[库容量(词)-标点数]",计算出外国留学生作文和中国高中生作文的平均词长,如表 4.7 所示。

表 4.7　外国留学生与中国高中生作文平均词长比较

语料类别	库容量(字)	标点数	库容量(词)	平均词长
外国留学生	331524	34410	233738	1.66
中国高中生	258553	29579	181534	1.70

---

①　库容量指语料库的容量。本书中,库容量由三部分构成:汉字、标点、其他符号。库容量(字)指汉字部分根据字数进行统计,库容量(词)指汉字部分根据词数进行统计。

②　第四至六章表格中,基本项目、非正式语体特征标记、正式语体特征标记的频率计算公式为"出现总次数/总词数(千词)"。

平均词长是汉语信息密度、表达精确度的表征,文本的词汇长度越长,表达越正式,信息越精确,书面语风格越明显。根据表4.7可知,中国高中生的作文语料比外国留学生的作文语料平均词长长0.04,这一数据表明外国留学生的作文正式度低于中国高中生作文。当然,这也可能与外国留学生词汇量及汉语水平有限相关。这一结果符合预期,说明中介语正朝目的语不断发展、完善,与中国高中生相比,外国留学生的汉语书面语能力仍有不小差距。

(二)词汇密度

计算词汇密度时,一般将副词、连词、介词、助词、叹词、拟声词、语气词归为虚词,其他则归为实词。根据公式"词汇密度=实词数/(虚词数+实词数)",计算出外国留学生作文和中国高中生作文的词汇密度,见表4.8。

表4.8 外国留学生与中国高中生作文词汇密度比较

语料类别	实词数	总词数	词汇密度
外国留学生	140684	181346	77.58%
中国高中生	109546	136511	80.25%

一般而言,正式度越高的文本,词汇密度也会越高。根据表4.8可知,中国高中生作文比外国留学生作文的词汇密度高2.67个百分点,说明中国高中生作文使用实词比外国留学生作文要多,信息量更大,信息语域更广,正式度更高。

(三)型次比

型次比计算公式为"型次比=(logTokens×logTokens)/(logTokens−logTypes)",具体数值如表4.9所示。

表4.9 外国留学生与中国高中生作文型次比比较

语料类别	类符	形符	型次比
外国留学生	17625	198167	26.70
中国高中生	16924	151548	28.19

在文本长度相等的前提下,型次比越高,文本的重复词汇就越少,词汇的丰富程度就越高。一般而言,书面语比口语的型次比要高。根据表4.9可知,中国高中生作文比外国留学生作文的型次比高1.49,正式度更高。

(四)平均句长

平均句长公式为"平均句长=库容量(字)/句子数量"。文本总句数统计的是完整句子,即以句号、问号、感叹号、省略号为结束标志的句子,不统计以逗号、分号、破折号等表停顿的分句。① 计算结果见表4.10。

表 4.10 外国留学生与中国高中生作文平均句长比较

语料类别	库容量(字)	总句数	平均句长
外国留学生	331524	11480	28.88
中国高中生	258553	6955	37.18

根据表 4.10 可知,中国高中生作文的平均句长比外国留学生作文多 8.3 个字,说明中国高中生的句子和外国留学生的相比,更为复杂,信息量更大,也更为正式。

4.2.3 非正式语体特征标记对比

(一)4 个词类在外国留学生和中国高中生作文中的频率

根据表 4.11 的统计数据,卡方检验结果总体来看有显著差异,外国留学生 4 类词的频率高于中国高中生,卡方值为 821.73,能够看出留学生作文中的口语化倾向比中国高中生要高。从分项来看,仅在叹词的使用上,中国高中生要多于外国留学生,且有显著差异,但使用总量都不多。在副词、代词、语气词的使用上,外国留学生明显多于中国高中生。

---

① 因目前学界对句子切分并无统一认识,本研究暂不考虑非完整句,所以统一不把逗号作为句子结束的标志。依据句号、问号、感叹号、省略号为句子结束标志,有可能是单句,也有可能是复句,并不作严格区分。这样切分句子可能会导致平均句长比较长,但是因为留学生中介语和中国高中生母语的切分标准一致,具有可比性。

表4.11 4个词类在外国留学生和中国高中生作文中的频率

词类	次数/频率(外)	次数/频率(中)	卡方值	p值
副词	20612/88.18	13439/74.03	271.75	0.00
代词	17884/76.51	10952/60.33	413.85	0.00
叹词	8/0.03	20/0.11	7.65	0.01
语气词	1984/8.49	1082/5.96	88.74	0.00
总计	40488/173.22	25493/140.43	821.73	0.00

(二)10类非正式语体特征标记在外国留学生和中国高中生作文中的频率

下面我们从10类非正式语体特征标记来看中介语语料库与中国高中生作文语料库的对比情况,见表4.12。从表中所列10个大类来看,总体上外国留学生作文中使用的频率为46.53,中国高中生为22.43,前者远高于后者,卡方值为1732.32,p值小于0.01。这说明外国留学生在书面语的口语化倾向上远远高于中国高中生,进一步证明了留学生书面作文口语化有余,非正式程度高于中国高中生。我们把每个小类再进行分别比较,发现两个语料库中"叹词、儿化、惯用语"p值大于0.05,不具有显著差异,其他各项都有显著差异。需要注意的是,"惯用语"用例非常少,仅检索到中国高中生作文中1例。

表4.12 10类非正式语体特征标记在外国留学生和中国高中生作文中的频率

大类	次数/频率(外)	次数/频率(中)	卡方值	p值
叹词	1/0.00	0/0.00	1.15	0.28
语气词	788/3.37	405/2.23	47.36	0.00
第一、二人称代词	7763/33.21	2607/14.36	1543.26	0.00
副词及相关结构	81/0.35	35/0.19	9.73	0.00
介词	1000/4.28	296/1.63	246.58	0.00
条件标记	137/0.59	7/0.04	113.07	0.00
句式	982/4.20	664/3.66	7.67	0.01

续表

大类	次数/频率（外）	次数/频率（中）	卡方值	p 值
儿化	18/0.08	11/0.06	0.40	0.53
口语格式	106/0.45	46/0.25	11.60	0.00
惯用语	0/0.00	1/0.01	1.65	0.20
总计	10876/46.53	4072/22.43	1732.32	0.00

下面我们来看25个具体分项的频率比较情况。从表4.13可知，仅在语气词"啊"、第二人称代词"你"、副词结构"又不、V得"、句式"A得"、惯用语6个小项的使用上，外国留学生的频率低于中国高中生，其他19项的使用频率外国留学生都高于中国高中生。

在叹词"哦"、语气词"啊、吗"、副词及相关结构"一共、从来、又不、又没"、条件标记"要不是"、句式"A得"、儿化"名＋儿"、惯用语11个项目的使用上，外国留学生和中国高中生没有显著差异。在其他14项的使用上两个语料库均存在显著差异或非常显著的差异。

表4.13 非正式语体特征标记分项在外国留学生和中国高中生作文中的频率

分项	次数/频率（外）	次数/频率（中）	卡方值	p 值
哦	1/0.00	0/0.00	1.15	0.28
吧	177/0.76	107/0.59	4.26	0.04
呢	366/1.57	117/0.65	79.52	0.00
啊	52/0.22	50/0.28	1.16	0.28
吗	193/0.83	131/0.72	1.43	0.23
我	6643/28.42	1661/9.15	2073.59	0.00
你	508/2.17	779/4.29	146.49	0.00
你们	376/1.61	21/0.12	302.63	0.00
您	236/1.01	146/0.80	4.74	0.03
一共	4/0.02	1/0.01	1.25	0.26
从来	31/0.13	16/0.09	1.83	0.18
又不	11/0.05	12/0.07	0.66	0.42

续表

分项	次数/频率(外)	次数/频率(中)	卡方值	p值
又没	4/0.02	1/0.01	1.25	0.26
真+A	31/0.13	5/0.03	14.90	0.00
跟	372/1.59	25/0.14	282.33	0.00
因为	628/2.69	271/1.49	69.84	0.00
不管	75/0.32	5/0.03	57.08	0.00
要是	60/0.26	2/0.01	54.61	0.00
要不是	2/0.01	0/0.00	2.30	0.13
V得	258/1.10	250/1.38	6.20	0.01
A得	38/0.16	32/0.18	0.11	0.74
疑问句	686/2.94	382/2.10	27.91	0.00
名+儿	18/0.08	11/0.06	0.40	0.53
口语格式	106/0.45	46/0.25	11.60	0.00
惯用语	0/0.00	1/0.01	1.65	0.20

4.2.4 正式语体特征标记对比

(一)总体情况

我们先看11类正式语体特征标记在外国留学生和中国高中生作文中的频率情况,结果见表4.14。

表4.14 11类正式语体特征标记在外国留学生和中国高中生作文中的频率

大类	次数/频率(外)	次数/频率(中)	卡方值	p值
名词类 (N的V、名动词)	3853/16.48	2841/15.65	4.43	0.04
副词及相关结构 (并不、并没、共)	106/0.45	101/0.56	1.97	0.16
连词 [(V)和(V)、与]	369/1.58	740/4.08	238.39	0.00

续表

大类	次数/频率(外)	次数/频率(中)	卡方值	p 值
动词(令)	57/0.24	77/0.42	9.75	0.00
介词(因)	140/0.60	89/0.49	2.00	0.16
代词(其)	95/0.41	166/0.91	41.17	0.00
话语标记	15/0.06	6/0.03	1.39	0.24
句式	5/0.02	48/0.26	45.40	0.00
文言结构	1306/5.59	2392/13.18	665.93	0.00
成语	590/2.52	1408/7.76	583.04	0.00
合偶词	7017/30.02	6190/34.10	55.04	0.00
总计	13553/57.98	14058/77.44	622.86	0.00

总体来看，11个大类外国留学生作文中使用的频率为57.98，而中国高中生作文中使用的频率为77.44，卡方值为622.86，两者差异非常显著（p值小于0.01）。这说明，总体而言，外国留学生在书面语言的正式度上低于中国高中生，存在典雅度不足的问题。当然，从11个大类具体观察可知，"副词及相关结构、介词、话语标记"3类语体特征，外国留学生和中国高中生使用并无显著差异；仅"名词类"1类外国留学生比中国高中生多用；其他7类项目，外国留学生都比中国高中生明显少用。其中"文言结构、成语"的卡方值显示中国高中生的使用频率远高于外国留学生，这也符合我们的预期判断。

（二）具体分项情况

通过表4.15可知，下列语体特征标记的使用频率在外国留学生和中国高中生的作文中不具有显著差异：并不、并没、共、(V)和(V)、因、综上所述、归根结底、由此可见、予。其他15个语体特征标记的使用频率在两个语料库中都具有显著差异或非常显著的差异。这也说明在判断语体正式度时仅靠某个或某几个语体特征确实存在一定的风险。

根据表4.15，可以发现外国留学生比中国高中生明显少用的13个语体特征项目为：N的V、与、令、其、为……所V、V向N、"于"字结构、"者"字结构、"之"字结构、"而"字结构、"以"字结构、成语、合偶词。从卡方值来判断,"与、'之'字结构、成语"的使用上,外国留学生比中国高中生少用最为明显。

表 4.15 正式语体特征标记分项在外国留学生和中国高中生作文中的频率

分项	次数/频率(外)	次数/频率(中)	卡方值	p 值
N 的 V	40/0.17	95/0.52	37.92	0.00
名动词	3813/16.31	2746/15.13	9.18	0.00
并不	81/0.35	75/0.41	1.04	0.31
并没	14/0.06	15/0.08	0.47	0.49
共	11/0.05	11/0.06	0.14	0.70
(V)和(V)	32/0.14	26/0.14	0.00	0.97
与	337/1.44	714/3.93	250.24	0.00
令	57/0.24	77/0.42	9.75	0.00
因	140/0.60	89/0.49	2.00	0.16
其	95/0.41	166/0.91	41.17	0.00
综上所述	1/0.00	0/0.00	0.02	0.90
归根结底	0/0.00	1/0.01	0.02	0.90
由此可见	4/0.02	4/0.02	0.00	1.00
众所周知	10/0.04	1/0.01	4.04	0.04
为……所 V	4/0.02	14/0.08	7.16	0.01
予	1/0.00	3/0.02	0.57	0.45
V 向 N	0/0.00	31/0.17	37.66	0.00
"于"字结构	163/0.70	319/1.76	98.09	0.00
"者"字结构	73/0.31	192/1.06	87.84	0.00
"之"字结构	213/0.91	756/4.17	463.13	0.00
"而"字结构	656/2.81	844/4.65	95.89	0.00
"以"字结构	201/0.86	281/1.55	41.12	0.00
成语	590/2.52	1408/7.76	583.04	0.00
合偶词	7017/30.02	6190/34.10	55.04	0.00

4.3 本章小结

我们基于在线语料库,先从外国留学生在汉语书面语中使用口语格式这一视角进行研究,发现留学生书面语中存在口语化倾向;且与汉语母语者相比,留学生过多使用一些口语格式。然后通过语体特征标记群在自建语料库中进一步验证,发现外国留学生书面语中总体上存在口语化有余、典雅度不足的特点。具体而言,我们发现:

第一,在4个基本项目上,留学生均不如汉语母语者,说明其书面语正式度比汉语母语者低。

第二,在非正式语体特征标记上,留学生比汉语母语者明显多用的具体项目为:吧、呢、我、你们、您、真+A、跟、因为、不管、要是、疑问句、口语格式。

第三,在正式语体特征标记上,留学生比汉语母语者明显少用的具体项目为:N 的 V、与、令、其、为……所 V、V 向 N、"于"字结构、"者"字结构、"之"字结构、"而"字结构、"以"字结构、成语、合偶词。

本章研究发现,总体来看留学生书面语存在口语化有余、典雅度不足的语体习得特点,但是不同水平、不同国别的留学生在书面语体习得上是否存在差异,这将是后文着重探讨的问题。

第五章

不同水平留学生汉语书面语体习得比较研究

我们从 HSK 动态作文语料库中随机抽取作文成绩为 50 分、70 分、90 分的文章各 300 篇,建成了一个代表不同汉语水平留学生的作文语料库。其中 50 分的作文代表低分组,70 分的作文代表中分组,90 分的作文代表高分组。对语料进行清洁、整理,再运用厦门大学 segtag 软件进行分词之后,语料库规模分别为:50 分作文库容量(字)为 79251,库容量(词)为 56532;70 分作文库容量(字)为 117279,库容量(词)为 82550;90 分作文库容量(字)为 134994,库容量(词)为 94656。对比语料库为中国高中生作文语料库,库容量(字)为 258553,库容量(词)为 181534。

我们首先将不同水平段的留学生作文分别与中国高中生作文进行对比,然后将不同水平段的作文互相进行比较,以期发现随着汉语水平的提高,留学生的书面语体习得是否越来越理想,即口语化倾向的程度逐渐降低,典雅度逐渐提高。

5.1 留学生低分组书面语体习得情况

我们首先来看留学生低分组的作文与中国高中生作文在基本项目、非正式语体特征标记、正式语体特征标记三个层面的比较。

5.1.1 基本项目对比

（一）平均词长

根据公式计算出留学生低分组作文和中国高中生作文的平均词长，如表 5.1 所示。

表 5.1　留学生低分组与中国高中生作文平均词长比较

语料类别	库容量（字）	标点数	库容量（词）	平均词长
留学生低分组	79251	8232	56532	1.64
中国高中生	258553	29579	181534	1.70

根据表 5.1 可知，中国高中生的作文语料比留学生低分组的作文语料平均词长长 0.06，这一数据表明留学生低分组的作文正式度低于中国高中生作文，符合预期。

（二）词汇密度

根据公式计算出留学生低分组作文和中国高中生作文的词汇密度，如表 5.2 所示。

表 5.2　留学生低分组与中国高中生作文词汇密度比较

语料类别	实词数	总词数	词汇密度
留学生低分组	34100	43883	77.71%
中国高中生	109546	136511	80.25%

一般而言，正式度越高的文本，词汇密度也会越高。根据表 5.2 可知，中国高中生作文比留学生低分组作文的词汇密度高 2.54 个百分点，说明中国高中生作文使用实词比留学生低分组的作文要多，信息量更大，信息语域更广，正式度更高。

（三）型次比

根据公式计算出留学生低分组作文和中国高中生作文的型次比，具体数值如表 5.3 所示。

表 5.3　留学生低分组与中国高中生作文型次比比较

语料类别	类符	形符	型次比
留学生低分组	4027	47976	20.36
中国高中生	16924	151548	28.19

根据表 5.3 可知,中国高中生作文比留学生低分组作文的型次比高 7.83,正式度更高。

(四) 平均句长

根据公式计算出留学生低分组作文和中国高中生作文的平均句长,结果如表 5.4 所示。

表 5.4　留学生低分组与中国高中生作文平均句长比较

语料类别	库容量(字)	总句数	平均句长
留学生低分组	79251	2854	27.77
中国高中生	258553	6955	37.18

根据表 5.4 可知,中国高中生作文的平均句长比留学生低分组作文多 9.41 个字,说明中国高中生的句子和低分组留学生的相比,更为复杂,信息量更大,也更为正式。

5.1.2　非正式语体特征标记对比

(一) 4 个词类在留学生低分组和中国高中生作文中的频率

留学生低分组作文语料库库容量(词)为 56532,中国高中生作文语料库库容量(词)为 181534,卡方检验结果见表 5.5。在副词、代词、叹词、语气词 4 个词类上,总体上二者具有非常显著的差异(卡方值为 465.64, p 值小于 0.01),在每一类上也都有非常显著或显著的差异。但是在叹词这一项上,中国高中生比低分组留学生多用(卡方值为 4.99, $p=0.03$)。由结果可知,总体上留学生低分组作文倾向于口语化。虽然在叹词这一项上留学生低分组少用,但是总体数量少,不影响总体判断。

表 5.5 4 个词类在留学生低分组和中国高中生作文中的频率

词类	次数/频率(留低)	次数/频率(中)	卡方值	p 值
副词	5103/90.27	13439/74.03	158.02	0.00
代词	4441/78.56	10952/60.33	236.50	0.00
叹词	0/0.00	20/0.11	4.99	0.03
语气词	489/8.65	1082/5.96	47.16	0.00
总计	10033/177.48	25493/140.43	465.64	0.00

(二)10 类非正式语体特征标记在留学生低分组和中国高中生作文中的频率

下面我们从 10 类非正式语体特征标记来看留学生低分组与中国高中生作文的对比情况,见表 5.6。从表中所列 10 个大类来看,总体上留学生低分组作文中使用的频率为 47.11,中国高中生为 22.43,前者远高于后者,卡方值为 953.86,p 值小于 0.01。这说明低分组留学生书面语的口语化倾向远远高于中国高中生。我们把每个小类再进行分别比较,发现两个语料库中"叹词、句式、儿化、口语格式、惯用语"的 p 值大于 0.05,不具有显著差异,其他各项都有显著差异。

表 5.6 10 类非正式语体特征标记在留学生低分组和中国高中生作文中的频率

大类	次数/频率(留低)	次数/频率(中)	卡方值	p 值
叹词	0/0.00	0/0.00	0.00	1.00
语气词	183/3.24	405/2.23	17.31	0.00
第一、二人称代词	1816/32.12	2607/14.36	744.94	0.00
副词及相关结构	24/0.43	35/0.19	9.01	0.00
介词	352/6.23	296/1.63	333.76	0.00
条件标记	40/0.71	7/0.04	94.39	0.00
句式	227/4.02	664/3.66	1.38	0.24

续表

大类	次数/频率(留低)	次数/频率(中)	卡方值	p 值
儿化	3/0.05	11/0.06	0.01	0.91
口语格式	18/0.32	46/0.25	0.46	0.50
惯用语	0/0.00	1/0.01	0.38	0.54
总计	2663/47.11	4072/22.43	953.86	0.00

25 个具体分项的频率和卡方值比较见表 5.7。留学生低分组作文比中国高中生作文少用的有 8 项，频率差为负值，其中 4 项 p 值大于 0.05（语气词"吗"、副词"一共"、句式"V 得"、惯用语），不具有显著差异；4 项 p 值小于 0.05 或 0.01（语气词"啊"、第二人称代词"你、您"、儿化"名+儿"），表明留学生低分组作文中对这 4 个项目的使用明显少于中国高中生。其他 17 项中，有 8 项 p 值大于 0.05（叹词"哦"、语气词"吧"、副词及相关结构"从来、又不、又没"、介词"因为"、条件标记"不管"、句式"A 得"），有 9 项 p 值小于 0.05 或 0.01（语气词"呢"、人称代词"我、你们"、副词结构"真＋A"、介词"跟"、条件标记"要是、要不是"、句式"疑问句"、口语格式），因此在这 9 个项目上，留学生低分组比中国高中生明显多用。

表 5.7 非正式语体特征标记分项在留学生低分组和中国高中生作文中的频率

分项	次数/频率(留低)	次数/频率(中)	卡方值	p 值
哦	0/0.00	0/0.00	0.00	1.00
吧	38/0.67	107/0.59	0.36	0.55
呢	107/1.89	117/0.65	70.13	0.00
啊	6/0.11	50/0.28	4.56	0.03
吗	32/0.57	131/0.72	1.31	0.25
我	1662/29.40	1661/9.15	1282.79	0.00
你	90/1.59	779/4.29	85.61	0.00
你们	43/0.76	21/0.12	64.34	0.00
您	21/0.37	146/0.80	10.91	0.00
一共	0/0.00	1/0.01	0.38	0.54

续表

分项	次数/频率(留低)	次数/频率(中)	卡方值	p 值
从来	7/0.12	16/0.09	0.26	0.61
又不	4/0.07	12/0.07	0.03	0.86
又没	1/0.02	1/0.01	0.00	0.97
真+A	120/2.12	5/0.03	18.10	0.00
跟	148/2.62	25/0.14	361.78	0.00
因为	204/3.61	271/1.49	0.00	1.00
不管	25/0.44	5/0.03	0.36	0.55
要是	15/0.27	2/0.01	70.13	0.00
要不是	0/0.00	0/0.00	4.56	0.03
V得	53/0.94	250/1.38	1.31	0.25
A得	12/0.21	32/0.18	0.14	0.71
疑问句	162/2.87	382/2.10	85.61	0.00
名+儿	3/0.05	11/0.06	64.34	0.00
口语格式	18/0.32	46/0.25	10.91	0.00
惯用语	0/0.00	1/0.01	0.38	0.54

5.1.3 正式语体特征标记对比

(一)总体情况

我们先看11类正式语体特征标记在留学生低分组和中国高中生作文中的频率情况,见表5.8。

表5.8 11类正式语体特征标记在留学生低分组和中国高中生作文中的频率

大类	次数/频率(留低)	次数/频率(中)	卡方值	p 值
名词类 (N的V、名动词)	849/15.02	2841/15.65	1.09	0.30
副词及相关结构 (并不、并没、共)	14/0.25	101/0.56	7.88	0.00

续表

大类	次数/频率（留低）	次数/频率（中）	卡方值	p 值
连词[（V）和（V）、与]	31/0.55	740/4.08	165.12	0.00
动词（令）	4/0.07	77/0.42	14.81	0.00
介词（因）	27/0.48	89/0.49	0.00	0.99
代词（其）	12/0.21	166/0.91	27.51	0.00
话语标记	2/0.04	6/0.03	0.11	0.74
句式	1/0.02	48/0.26	11.58	0.00
文言结构	191/3.38	2392/13.18	384.69	0.00
成语	54/0.96	1408/7.76	325.56	0.00
合偶词	1360/24.06	6190/34.10	141.21	0.00
总计	2545/45.02	14058/77.44	697.93	0.00

总体来看，11 个大类留学生低分组作文中使用的频率为 45.02，而中国高中生作文中使用的频率为 77.44，卡方值为 697.93，两者差异非常显著（p 值小于 0.01）。这说明，总体而言，低分组留学生在书面语言的正式度上远低于中国高中生，存在典雅度不足的问题。当然，具体观察可知，留学生低分组作文仅在"话语标记"上比中国高中生作文使用稍多，但差异并不显著。另外，"名词类（N 的 V、名动词）、介词（因）"两项语体特征标记，留学生低分组和中国高中生作文的使用并无显著差异。其他 8 项语体特征标记，留学生低分组作文都比中国高中生作文明显少用。

（二）具体分项情况

通过表 5.9 可知，留学生低分组和中国高中生作文在以下 13 个具体项目上存在显著差异且频率差为负值：N 的 V、并不、与、令、其、V 向 N、"于"字结构、"者"字结构、"之"字结构、"而"字结构、"以"字结构、成语、合偶词。这说明留学生低分组作文比中国高中生作文在以上项目上明显少用。

表5.9 正式语体特征标记分项在留学生低分组和中国高中生作文中的频率

分项	次数/频率(留低)	次数/频率(中)	卡方值	p 值
N 的 V	6/0.11	95/0.52	16.72	0.00
名动词	843/14.91	2746/15.13	0.12	0.73
并不	12/0.21	75/0.41	4.23	0.04
并没	0/0.00	15/0.08	3.45	0.06
共	2/0.04	11/0.06	0.15	0.70
(V)和(V)	4/0.07	26/0.14	1.27	0.26
与	27/0.48	714/3.93	164.78	0.00
令	4/0.07	77/0.42	14.81	0.00
因	27/0.48	89/0.49	0.00	0.99
其	12/0.21	166/0.91	27.51	0.00
综上所述	0/0.00	0/0.00	0.00	1.00
归根结底	0/0.00	1/0.01	0.38	0.54
由此可见	1/0.02	4/0.02	0.11	0.74
众所周知	1/0.02	1/0.01	0.00	0.97
为……所 V	1/0.02	14/0.08	1.57	0.21
予	0/0.00	3/0.02	0.08	0.77
V 向 N	0/0.00	31/0.17	8.39	0.00
"于"字结构	27/0.48	319/1.76	47.76	0.00
"者"字结构	20/0.35	192/1.06	23.22	0.00
"之"字结构	10/0.18	756/4.17	212.48	0.00
"而"字结构	109/1.93	844/4.65	79.38	0.00
"以"字结构	25/0.44	281/1.55	40.20	0.00
成语	54/0.96	1408/7.76	325.56	0.00
合偶词	1360/24.06	6190/34.10	141.21	0.00

5.2 留学生中分组书面语体习得情况

5.2.1 基本项目对比

（一）平均词长

根据公式计算出留学生中分组作文和中国高中生作文的平均词长，如表 5.10 所示。

表 5.10　留学生中分组与中国高中生作文平均词长比较

语料类别	库容量（字）	标点数	库容量（词）	平均词长
留学生中分组	117279	12237	82550	1.67
中国高中生	258553	29579	181534	1.70

根据表 5.10 可知，中国高中生的作文语料比留学生中分组的作文语料平均词长长 0.03，这一数据表明留学生中分组的作文正式度低于中国高中生作文。

（二）词汇密度

根据公式计算出留学生中分组作文和中国高中生作文的词汇密度，如表 5.11 所示。

表 5.11　留学生中分组与中国高中生作文词汇密度比较

语料类别	实词数	总词数	词汇密度
留学生中分组	49559	63842	77.63%
中国高中生	109546	136511	80.25%

根据表 5.11 可知，中国高中生作文比留学生中分组作文的词汇密度高 2.62 个百分点，说明中国高中生作文使用实词比留学生中分组的作文要多，信息量更大，信息语域更广，正式度更高。

（三）型次比

根据公式计算出留学生中分组作文和中国高中生作文的型次比，具体结果如表 5.12 所示。

表 5.12　留学生中分组与中国高中生作文型次比比较

语料类别	类符	形符	型次比
留学生中分组	5409	69867	21.12
中国高中生	16924	151548	28.19

根据表 5.12 可知,中国高中生作文比留学生中分组作文的型次比高 7.07,正式度更高。

(四)平均句长

根据公式计算出留学生中分组作文和中国高中生作文的平均句长,结果如表 5.13 所示。

表 5.13　留学生中分组与中国高中生作文平均句长比较

语料类别	库容量(字)	总句数	平均句长
留学生中分组	117279	4563	25.70
中国高中生	258553	6955	37.18

根据表 5.13 可知,中国高中生作文的平均句长比留学生中分组作文多 11.48 个字,说明中国高中生的句子和中分组留学生的相比,更为复杂,信息量更大,也更为正式。

5.2.2　非正式语体特征标记对比

(一)4 个词类在留学生中分组和中国高中生作文中的频率

留学生中分组作文语料库库容量(词)为 82550,中国高中生作文语料库库容量(词)为 181534,卡方检验结果见表 5.14。总体上二者具有非常显著的差异(卡方值为 612.04,p 值小于 0.01),在副词、代词、语气词方面差异非常显著(p 值小于 0.01),仅在叹词这一项上,中国高中生和中分组留学生差异不显著(卡方值为 1,p 值大于 0.05)。由结果可知,总体上留学生中分组作文倾向于口语化,倾向于多用副词、代词、语气词。

表 5.14　4 个词类在留学生中分组和中国高中生作文中的频率

词类	次数/频率（留中）	次数/频率（中）	卡方值	p 值
副词	7213/87.38	13439/74.03	140.05	0.00
代词	6709/81.27	10952/60.33	398.45	0.00
叹词	5/0.06	20/0.11	1.00	0.32
语气词	745/9.03	1082/5.96	77.12	0.00
总计	14672/177.74	25493/140.43	612.04	0.00

(二) 10 类非正式语体特征标记在留学生中分组和中国高中生作文中的频率

下面我们从 10 类非正式语体特征标记来看留学生中分组与中国高中生作文的对比情况，见表 5.15。从所列 10 个大类来看，总体上留学生中分组作文中使用的频率为 51.73，中国高中生为 22.43，前者远高于后者，卡方值为 1591.02，p 值小于 0.01。这说明中分组留学生书面语的口语化倾向远远高于中国高中生。我们把每个小类再进行分别比较，发现两个语料库中仅"叹词、儿化、惯用语"的 p 值大于 0.05，不具有显著差异，其他各项都有显著差异。

表 5.15　10 类非正式语体特征标记在留学生中分组和中国高中生作文中的频率

大类	次数/频率（留中）	次数/频率（中）	卡方值	p 值
叹词	1/0.01	0/0.00	0.16	0.69
语气词	317/3.84	405/2.23	53.30	0.00
第一、二人称代词	3079/37.30	2607/14.36	1416.07	0.00
副词及相关结构	38/0.46	35/0.19	14.53	0.00
介词	357/4.33	296/1.63	165.89	0.00
条件标记	49/0.59	7/0.04	79.85	0.00
句式	389/4.71	664/3.66	15.63	0.00
儿化	5/0.06	11/0.06	0.07	0.79
口语格式	35/0.42	46/0.25	4.84	0.03

续表

大类	次数/频率(留中)	次数/频率(中)	卡方值	p 值
惯用语	0/0.00	1/0.01	0.16	0.69
总计	4270/51.73	4072/22.43	1591.02	0.00

25个具体分项的频率和卡方值比较见表5.16。表中显示，留学生中分组作文比中国高中生作文少用的有7项，频率差为负值①，其中6项 p 值大于0.05（语气词"啊"、副词结构"又不"、句式"V得、A得"、儿化"名+儿"、惯用语），仅有1项 p 值小于0.01（第二人称代词"你"），这表明留学生中分组作文中"你"的使用明显少于中国高中生。其他18项中，有4项 p 值大于0.05（叹词"哦"、副词及相关结构"一共、又没"、条件标记"要不是"），14项 p 值小于0.05或0.01（语气词"吧、呢、吗"、人称代词"我、你们、您"、副词及相关结构"从来、真+A"、介词"跟、因为"、条件标记"不管、要是"、句式"疑问句"、口语格式），因此在这14个项目上，留学生中分组比中国高中生明显多使用。

从留学生比中国高中生多使用的项目数量来看，留学生中分组（14）比留学生低分组（9）多5个。这一方面表明习得的语言知识增加，另一方面也可能预示着留学生中分组作文书面语的非正式程度升高。具体的情况后文再进行详细分析。

表5.16 非正式语体特征标记分项在留学生中分组和中国高中生作文中的频率

分项	次数/频率(留中)	次数/频率(中)	卡方值	p 值
哦	1/0.01	0/0.00	0.16	0.69
吧	75/0.91	107/0.59	7.93	0.00
呢	142/1.72	117/0.65	65.92	0.00
啊	20/0.24	50/0.28	0.13	0.72
吗	80/0.97	131/0.72	4.05	0.04

---

① 本书表格中涉及频率差的计算，均按四舍五入之前的原始数值计算。表5.16中"名+儿"按原始数值计算可知，频率差为负值。后文中相同情况不再说明。

续表

分项	次数/频率(留中)	次数/频率(中)	卡方值	p 值
我	2546/30.84	1661/9.15	1701.87	0.00
你	154/1.87	779/4.29	94.15	0.00
你们	219/2.65	21/0.12	399.55	0.00
您	160/1.94	146/0.80	62.07	0.00
一共	3/0.04	1/0.01	1.82	0.18
从来	16/0.19	16/0.09	4.40	0.04
又不	1/0.01	12/0.07	2.35	0.13
又没	1/0.01	1/0.01	0.04	0.85
真+A	17/0.21	5/0.03	19.59	0.00
跟	144/1.74	25/0.14	226.54	0.00
因为	213/2.58	271/1.49	36.09	0.00
不管	32/0.39	5/0.03	49.99	0.00
要是	16/0.19	2/0.01	25.21	0.00
要不是	1/0.01	0/0.00	0.16	0.69
V得	100/1.21	250/1.38	1.06	0.30
A得	11/0.13	32/0.18	0.41	0.52
疑问句	278/3.37	382/2.10	35.83	0.00
名+儿	5/0.06	11/0.06	0.07	0.79
口语格式	35/0.42	46/0.25	4.84	0.03
惯用语	0/0.00	1/0.01	0.16	0.69

5.2.3 正式语体特征标记对比

(一)总体情况

我们先看11类正式语体特征标记在留学生中分组和中国高中生作文中的频率情况,见表5.17。

表 5.17 11 类正式语体特征标记在留学生中分组和中国高中生作文中的频率

大类	次数/频率(留中)	次数/频率(中)	卡方值	p 值
名词类 (N 的 V、名动词)	1377/16.68	2841/15.65	3.77	0.05
副词及相关结构 (并不、并没、共)	32/0.39	101/0.56	2.88	0.09
连词 [(V)和(V)、与]	130/1.58	740/4.08	107.39	0.00
动词(令)	15/0.18	77/0.42	8.90	0.00
介词(因)	43/0.52	89/0.49	0.05	0.82
代词(其)	16/0.19	166/0.91	41.75	0.00
话语标记	4/0.05	6/0.03	0.07	0.80
句式	1/0.01	48/0.26	18.13	0.00
文言结构	412/4.99	2392/13.18	361.17	0.00
成语	116/1.41	1408/7.76	397.80	0.00
合偶词	2539/30.76	6190/34.10	19.72	0.00
总计	4685/56.75	14058/77.44	367.97	0.00

总体来看,11 个大类留学生中分组作文中使用的频率为 56.75,而中国高中生作文中使用的频率为 77.44,卡方值为 367.97,两者差异非常显著(p 值小于 0.01)。这说明,总体而言,中分组留学生在书面语言的正式度上远低于中国高中生,存在典雅度不足的问题。当然,具体观察可知,有 4 项特征"名词类(N 的 V、名动词)、副词及相关结构(并不、并没、共)、介词(因)、话语标记",留学生中分组和中国高中生作文的使用并无显著差异。其他 7 项语体特征标记,留学生中分组作文比中国高中生作文明显少用。

(二)具体分项情况

通过表 5.18 可知,留学生中分组和中国高中生作文在以下 12 个具体项目上存在显著差异且频率差为负值:N 的 V、与、令、其、V 向 N、

"于"字结构、"者"字结构、"之"字结构、"而"字结构、"以"字结构、成语、合偶词。这表明留学生中分组作文比中国高中生作文在以上项目上明显少用。与留学生低分组作文比中国高中生作文少用13个语体特征相比,在数量上差距不大。

表5.18 正式语体特征标记分项在留学生中分组和中国高中生作文中的频率

分项	次数/频率(留中)	次数/频率(中)	卡方值	p 值
N 的 V	18/0.22	95/0.52	11.66	0.00
名动词	1359/16.46	2746/15.13	6.53	0.01
并不	25/0.30	75/0.41	1.54	0.21
并没	4/0.05	15/0.08	0.51	0.48
共	3/0.04	11/0.06	0.26	0.61
(V)和(V)	9/0.11	26/0.14	0.28	0.60
与	121/1.47	714/3.93	108.82	0.00
令	15/0.18	77/0.42	8.90	0.00
因	43/0.52	89/0.49	0.05	0.82
其	16/0.19	166/0.91	41.75	0.00
综上所述	0/0.00	0/0.00	0.00	1.00
归根结底	0/0.00	1/0.01	0.16	0.69
由此可见	1/0.01	4/0.02	0.00	0.95
众所周知	3/0.04	1/0.01	1.82	0.18
为……所 V	1/0.01	14/0.08	3.16	0.08
予	0/0.00	3/0.02	0.30	0.59
V 向 N	0/0.00	31/0.17	12.68	0.00
"于"字结构	37/0.45	319/1.76	71.26	0.00
"者"字结构	26/0.32	192/1.06	37.05	0.00
"之"字结构	72/0.87	756/4.17	195.74	0.00
"而"字结构	211/2.56	844/4.65	61.96	0.00
"以"字结构	66/0.80	281/1.55	23.65	0.00

续表

分项	次数/频率(留)	次数/频率(中)	卡方值	p值
成语	116/1.41	1408/7.76	397.80	0.00
合偶词	2539/30.76	6190/34.10	19.72	0.00

5.3 留学生高分组书面语体习得情况

5.3.1 基本项目对比

(一)平均词长

根据公式计算出留学生高分组作文和中国高中生作文的平均词长,如表 5.19 所示。

表 5.19 留学生高分组与中国高中生作文平均词长比较

语料类别	库容量(字)	标点数	库容量(词)	平均词长
留学生高分组	134994	13941	94656	1.67
中国高中生	258553	29579	181534	1.70

根据表 5.19 可知,中国高中生的作文语料比留学生高分组的作文语料平均词长长 0.03,这一数据表明留学生高分组作文的正式度低于中国高中生作文,仍然和母语者有距离。

(二)词汇密度

根据公式计算出留学生高分组作文和中国高中生作文的词汇密度,如表 5.20 所示。

表 5.20 留学生高分组与中国高中生作文词汇密度比较

语料类别	实词数	总词数	词汇密度
留学生高分组	57025	73621	77.46%
中国高中生	109546	136511	80.25%

根据表 5.20 可知,中国高中生作文比留学生高分组作文的词汇密度

高 2.79 个百分点,说明中国高中生作文使用实词比留学生高分组的作文要多,正式度更高。

(三)型次比

根据公式计算出留学生高分组作文和中国高中生作文的型次比,具体数值如表 5.21 所示。

表 5.21　留学生高分组与中国高中生作文型次比比较

语料类别	类符	形符	型次比
留学生高分组	8189	80324	24.26
中国高中生	16924	151548	28.19

根据表 5.21 可知,中国高中生作文比留学生高分组作文的型次比高 3.93,正式度更高。

(四)平均句长

根据公式计算出留学生高分组作文和中国高中生作文的平均句长,结果如表 5.22 所示。

表 5.22　留学生高分组与中国高中生作文平均句长比较

语料类别	库容量(字)	总句数	平均句长
留学生高分组	134994	4063	33.23
中国高中生	258553	6955	37.18

根据表 5.22 可知,中国高中生作文的平均句长比留学生高分组作文多 3.95 个字,说明中国高中生的句子和高分组留学生的相比,正式度仍要高一些。

5.3.2　非正式语体特征标记对比

(一)4 个词类在留学生高分组和中国高中生作文中的频率

留学生高分组作文语料库库容量(词)为 94656,中国高中生作文语料库库容量(词)为 181534,卡方检验结果见表 5.23。总体上二者具有非常显著的差异(卡方值为 338.59,p 值小于 0.01),其中副词、代词、语气词差异也都非常显著(p 值小于0.01)。由结果可知,从 4 个词类的角度来分析,总体上留学生高分组作文仍倾向于口语化。

表 5.23 4 个词类在留学生高分组和中国高中生作文中的频率

词类	次数/频率(留高)	次数/频率(中)	卡方值	p 值
副词	8296/87.64	13439/74.03	158.84	0.00
代词	6734/71.14	10952/60.33	121.16	0.00
叹词	3/0.03	20/0.11	3.71	0.05
语气词	750/7.92	1082/5.96	36.09	0.00
总计	15783/166.74	25493/140.43	338.59	0.00

(二)10 类非正式语体特征标记在留学生高分组和中国高中生作文中的频率

下面我们从 10 类非正式语体特征标记来看留学生高分组与中国高中生作文的对比情况,见表 5.24。从表中所列 10 个大类来看,总体上留学生高分组作文中使用的频率为 41.66,中国高中生为 22.43,前者远高于后者,卡方值为 815.39,p 值小于 0.01。这说明高分组留学生书面语的口语化倾向也远高于中国高中生。我们把每个小类再进行分别比较,发现两个语料库中"叹词、副词及相关结构、句式、儿化、惯用语"的 p 值大于0.05,不具有显著差异,其他各项都有非常显著的差异。

表 5.24 10 类非正式语体特征标记在留学生高分组和中国高中生作文中的频率

大类	次数/频率(留高)	次数/频率(中)	卡方值	p 值
叹词	0/0.00	0/0.00	0.00	1.00
语气词	288/3.04	405/2.23	16.05	0.00
第一、二人称代词	2868/30.30	2607/14.36	812.57	0.00
副词及相关结构	19/0.20	35/0.19	0.01	0.92
介词	291/3.07	296/1.63	60.47	0.00
条件标记	48/0.51	7/0.04	66.27	0.00
句式	366/3.87	664/3.66	0.68	0.41
儿化	10/0.11	11/0.06	1.12	0.29

续表

大类	次数/频率（留高）	次数/频率（中）	卡方值	p 值
口语格式	53/0.56	46/0.25	15.47	0.00
惯用语	0/0.00	1/0.01	0.11	0.74
总计	3943/41.66	4072/22.43	815.39	0.00

25 个具体分项的频率和卡方值比较见表 5.25。表中显示，留学生高分组作文比中国高中生作文少用的有 9 项，频率差为负值，其中 8 项 p 值大于或等于 0.05（语气词"啊"、第二人称代词"您"、副词及相关结构"从来、又不、真+A"、句式"V 得、A 得"、惯用语），仅有 1 项 p 值小于 0.01（第二人称代词"你"），表明留学生高分组作文中"你"的使用明显少于中国高中生。其他 16 项中，有 7 项 p 值大于 0.05（叹词"哦"、语气词"吧、吗"、副词及相关结构"一共、又没"、条件标记"要不是"、儿化"名+儿"），有 9 项 p 值小于 0.05 或 0.01（语气词"呢"、人称代词"我、你们"、介词"跟、因为"、条件标记"不管、要是"、句式"疑问句"、口语格式），因此在这 9 个项目上，留学生高分组比中国高中生明显多用。

从留学生比中国高中生多使用的项目数量来看，留学生高分组（9）与低分组（9）一样，比中分组（14）少 5 个。

表 5.25　非正式语体特征标记分项在留学生高分组和中国高中生作文中的频率

分项	次数/频率（留高）	次数/频率（中）	卡方值	p 值
哦	0/0.00	0/0.00	0.00	1.00
吧	64/0.68	107/0.59	0.62	0.43
呢	117/1.24	117/0.65	25.02	0.00
啊	26/0.28	50/0.28	0.01	0.91
吗	81/0.86	131/0.72	1.29	0.26
我	2435/25.73	1661/9.15	1168.74	0.00
你	264/2.79	779/4.29	36.92	0.00
你们	114/1.20	21/0.12	148.71	0.00
您	55/0.58	146/0.80	3.96	0.05

续表

分项	次数/频率(留高)	次数/频率(中)	卡方值	p 值
一共	1/0.01	1/0.01	0.08	0.78
从来	8/0.09	16/0.09	0.01	0.91
又不	6/0.06	12/0.07	0.03	0.87
又没	2/0.02	1/0.01	0.33	0.57
真+A	2/0.02	5/0.03	0.01	0.94
跟	80/0.85	25/0.14	80.08	0.00
因为	211/2.23	271/1.49	18.94	0.00
不管	18/0.19	5/0.03	17.85	0.00
要是	29/0.31	2/0.01	45.76	0.00
要不是	1/0.01	0/0.00	0.11	0.74
V得	105/1.11	250/1.38	3.27	0.07
A得	15/0.16	32/0.18	0.03	0.85
疑问句	246/2.60	382/2.10	6.49	0.01
名+儿	10/0.11	11/0.06	1.12	0.29
口语格式	53/0.56	46/0.25	15.47	0.00
惯用语	0/0.00	1/0.01	0.11	0.74

5.3.3 正式语体特征标记对比

(一)总体情况

我们先看11类正式语体特征标记在留学生高分组和中国高中生作文中的频率情况,见表5.26。

表5.26 11类正式语体特征标记在留学生高分组和中国高中生作文中的频率

大类	次数/频率(留高)	次数/频率(中)	卡方值	p 值
名词类 (N的V、名动词)	1627/17.19	2841/15.65	9.16	0.00

续表

大类	次数/频率(留高)	次数/频率(中)	卡方值	p 值
副词及相关结构（并不、并没、共）	60/0.63	101/0.56	0.52	0.47
连词[(V)和(V)、与]	208/2.20	740/4.08	63.66	0.00
动词(令)	38/0.40	77/0.42	0.03	0.86
介词(因)	70/0.74	89/0.49	6.29	0.01
代词(其)	67/0.71	166/0.91	2.91	0.09
话语标记	9/0.10	6/0.03	3.34	0.07
句式	3/0.03	48/0.26	17.01	0.00
文言结构	703/7.43	2392/13.18	185.10	0.00
成语	420/4.44	1408/7.76	103.73	0.00
合偶词	3118/32.94	6190/34.10	2.53	0.11
总计	6323/66.80	14058/77.44	102.90	0.00

总体来看，11个大类留学生高分组作文中使用的频率为66.80，而中国高中生作文中使用的频率为77.44，卡方值为102.90，两者差异非常显著(p值小于0.01)。这说明，总体而言，高分组留学生在书面语言的正式度上仍低于中国高中生，存在典雅度不足的问题。

(二)具体分项情况

通过表5.27可知，留学生高分组和中国高中生作文在以下9个具体项目上存在显著差异且频率差为负值：N的V、与V向N、"于"字结构、"者"字结构、"之"字结构、"而"字结构、"以"字结构、成语。这表明留学生高分组作文比中国高中生作文在以上项目上明显少用。

和留学生低分组少用13个、中分组少用12个相比，这一结果有一定幅度的提升，是否能证明留学生高分组比低分组和中分组作文的典雅度更高，尚有待后文继续研究。

表 5.27　正式语体特征标记分项在留学生高分组和中国高中生作文中的频率

分项	次数/频率(留高)	次数/频率(中)	卡方值	p 值
N 的 V	16/0.17	95/0.52	18.57	0.00
名动词	1611/17.02	2746/15.13	14.24	0.00
并不	44/0.47	75/0.41	0.28	0.60
并没	10/0.11	15/0.08	0.15	0.69
共	6/0.06	11/0.06	0.03	0.87
(V)和(V)	19/0.20	26/0.14	0.93	0.33
与	189/2.00	714/3.93	71.00	0.00
令	38/0.40	77/0.42	0.03	0.86
因	70/0.74	89/0.49	6.29	0.01
其	67/0.71	166/0.91	2.91	0.09
综上所述	1/0.01	0/0.00	0.11	0.74
归根结底	0/0.00	1/0.01	0.11	0.74
由此可见	2/0.02	4/0.02	0.15	0.70
众所周知	6/0.06	1/0.01	6.10	0.01
为……所 V	2/0.02	14/0.08	2.47	0.12
予	1/0.01	3/0.02	0.02	0.89
V 向 N	0/0.00	31/0.17	14.68	0.00
"于"字结构	99/1.05	319/1.76	20.37	0.00
"者"字结构	27/0.29	192/1.06	45.88	0.00
"之"字结构	131/1.38	756/4.17	149.39	0.00
"而"字结构	336/3.55	844/4.65	17.42	0.00
"以"字结构	110/1.16	281/1.55	6.28	0.01
成语	420/4.44	1408/7.76	103.73	0.00
合偶词	3118/32.94	6190/34.10	2.53	0.11

5.4 不同分数段留学生书面语体习得比较

5.4.1 基本项目对比

(一)平均词长

根据前文计算结果,不同水平留学生作文的平均词长如表 5.28 所示。

表 5.28 不同水平留学生作文平均词长比较

语料类别	库容量(字)	标点数	库容量(词)	平均词长
留学生低分组	79251	8232	56532	1.64
留学生中分组	117279	12237	82550	1.67
留学生高分组	134994	13941	94656	1.67

根据表 5.28 可知,随着留学生作文水平的提高,平均词长由低分组到中、高分组增加,正式度有所提高,总体来说符合预期。但是中分组和高分组作文平均词长相同,说明正式度由中分组到高分组无显著改进,值得进一步研究。

(二)词汇密度

根据前文计算结果,不同水平留学生作文的词汇密度如表 5.29 所示。

表 5.29 不同水平留学生作文词汇密度比较

语料类别	实词数	总词数	词汇密度
留学生低分组	34100	43883	77.71%
留学生中分组	49559	63842	77.63%
留学生高分组	57025	73621	77.46%

一般而言,正式度越高的文本,词汇密度也会越高。根据表 5.29 可知,留学生低、中、高分组的词汇密度并未随着作文分数的提高而增加,而是呈下降趋势,当然幅度差很小。从这一单一指标来看,留学生作文的正式度并未随着分数的提高而提高。

(三) 型次比

根据前文计算结果,不同水平留学生作文的型次比如表 5.30 所示。

表 5.30　不同水平留学生作文型次比比较

语料类别	类符	形符	型次比
留学生低分组	4027	47976	20.36
留学生中分组	5409	69867	21.12
留学生高分组	8189	80324	24.26

根据表 5.30 可知,型次比随着留学生作文成绩的提高而逐渐增加,表明在这一指标上,留学生作文分数与正式度呈正相关。

(四) 平均句长

根据前文计算结果,不同水平留学生作文的平均句长如表 5.31 所示。

表 5.31　不同水平留学生作文平均句长比较

语料类别	库容量(字)	总句数	平均句长
留学生低分组	79251	2854	27.77
留学生中分组	117279	4563	25.70
留学生高分组	134994	4063	33.23

根据表 5.31 可知,随着留学生作文成绩的提高,平均句长由低分组/中分组到高分组是增加的,但是中分组稍低于低分组。总体来看,虽然作文成绩与平均句长并不完全正相关,但是从高分组的句长明显高于中分组、低分组来看,说明作文水平提高,正式度也随之提高。至于低分组和中分组的差异仍待进一步研究。

(五) 小结

根据上文研究,我们对不同水平留学生书面语中的平均词长、词汇密度、型次比、平均句长进行总结如下:

平均词长:低分组＜中分组＝高分组

词汇密度:高分组＜中分组＜低分组

型次比:低分组＜中分组＜高分组

平均句长：中分组＜低分组＜高分组

如果按照从高到低的排序，分别赋值为 3、2、1，假设每个基本项目判别正式度的水平相同，那么最后可以得到以下不等式：

低分组(7)＜中分组(8)＜高分组(10)

也就是说，虽然从不同角度来看，不同水平留学生书面语的正式度排序有所差异，但总体而言，还是能够看到随着水平的提高，正式度有所上升。当然，这一结论还有待今后深入研究。

5.4.2 非正式语体特征标记对比

(一) 4 个词类在不同水平留学生作文中的频率

从表 5.32 可知，留学生低分组、中分组 4 个词类总的频率差别很小，高分组开始有所下降，这说明随着作文分数的提高，口语化倾向有所降低。

表 5.32　4 个词类在不同水平留学生作文中的频率

词类	次数/频率（留低）	次数/频率（留中）	次数/频率（留高）
副词	5103/90.27	7213/87.38	8296/87.64
代词	4441/78.56	6709/81.27	6734/71.14
叹词	0/0.00	5/0.06	3/0.03
语气词	489/8.65	745/9.03	750/7.92
总计	10033/177.48	14672/177.74	15783/166.74

我们运用 Chi-square and Log Likelihood Calculator 进行卡方检验，发现留学生低分组和中分组的卡方值为 0.01，p 值为 0.91，大于 0.05，二者差异不显著；留学生低分组和高分组的卡方值为 28.72，p 值约为 0.00，小于 0.01，二者差异非常显著；留学生中分组和高分组的卡方值为 37.37，p 值约为 0.00，小于 0.01，二者差异非常显著。这说明从使用 4 个词类的角度来看，留学生低分组和中分组的口语化倾向不存在显著差异，而低分组和高分组、中分组和高分组之间都有显著差异，并且从频率来看口语化程度逐渐降低。

(二)10 类非正式语体特征标记在不同水平留学生作文中的频率

根据表 5.33 可知,对 10 类非正式语体特征标记进行整体比较,低分组到中分组的口语化倾向不降反升,而中分组到高分组的口语化倾向则有所降低。

表 5.33　10 类非正式语体特征标记在不同水平留学生作文中的频率

大类	次数/频率(留低)	次数/频率(留中)	次数/频率(留高)
叹词	0/0.00	1/0.01	0/0.00
语气词	183/3.24	317/3.84	288/3.04
第一、二人称代词	1816/32.12	3079/37.30	2868/30.30
副词及相关结构	24/0.43	38/0.46	19/0.20
介词	352/6.23	357/4.33	291/3.07
条件标记	40/0.71	49/0.59	48/0.51
句式	227/4.02	389/4.71	366/3.87
儿化	3/0.05	5/0.06	10/0.11
口语格式	18/0.32	35/0.42	53/0.56
惯用语	0/0.00	0/0.00	0/0.00
总计	2663/47.11	4270/51.73	3943/41.66

我们计算出留学生低分组和中分组的卡方值为 15.02,p 值约为 0.00,小于 0.01,差异非常显著。这说明从低分组到中分组,在 10 类非正式语体特征标记上,口语化程度不降反升。

留学生低分组和高分组的卡方值为 25.03,p 值约为 0.00,小于 0.01,差异非常显著。这说明从低分组到高分组,在 10 类非正式语体特征标记上,口语化程度明显下降。

留学生中分组和高分组的卡方值为 100.94,p 值约为 0.00,小于 0.01,差异非常显著。这说明从中分组到高分组,在 10 类非正式语体特征标记上,口语化程度明显下降。

从 4 个词类和 10 类非正式语体特征标记综合来看,低分组到中分组的口语化倾向不降反升,低分组/中分组与高分组相比,口语化倾向随着分数的提高有所降低。

5.4.3 正式语体特征标记对比

表 5.34 显示,从正式语体特征标记的频率来看,低分组(45.02)到中分组(56.75)、高分组(66.80)是逐渐增加的,说明随着作文分数的提高,留学生书面语的典雅度在提高。

表 5.34 11 类正式语体特征标记在不同水平留学生作文中的频率

大类	次数/频率(留低)	次数/频率(留中)	次数/频率(留高)
名词类 (N 的 V、名动词)	849/15.02	1377/16.68	1627/17.19
副词及相关结构 (并不、并没、共)	14/0.25	32/0.39	60/0.63
连词 [(V)和(V)、与]	31/0.55	130/1.58	208/2.20
动词(令)	4/0.07	15/0.18	38/0.40
介词(因)	27/0.48	43/0.52	70/0.74
代词(其)	12/0.21	16/0.19	67/0.71
话语标记	2/0.04	4/0.05	9/0.10
句式	1/0.02	1/0.01	3/0.03
文言结构	191/3.38	412/4.99	703/7.43
成语	54/0.96	116/1.41	420/4.44
合偶词	1360/24.06	2539/30.76	3118/32.94
总计	2545/45.02	4685/56.75	6323/66.80

我们运用 Chi-square and Log Likelihood Calculator 计算出留学生低分组和中分组的卡方值为 93.52,p 值约为 0.00,小于 0.01,差异非常显著。结果说明,从低分组到中分组,典雅度显著提升。

留学生低分组和高分组的卡方值为 303.71,p 值约为 0.00,小于 0.01,差异也非常显著。这说明,从低分组到高分组,典雅度显著提升。

留学生中分组和高分组的卡方值为 76.22，p 值约为 0.00，小于 0.01，差异也非常显著。这也说明，从中分组到高分组，典雅度显著提升。

5.5 本章小结

通过对不同水平留学生与母语者的书面语进行比较，可以发现每个水平的留学生都存在口语化有余、典雅度不足的问题。即使是高级汉语水平的留学生也存在这个问题。这说明汉语作为第二语言的语体教学任重道远，书面语体意识的教学需引起更多重视。

不同水平留学生书面语之间进行对比，结果发现并不是随着语言水平的提升，外国留学生的语体能力也都相应提升。具体而言，从基本项目来看，虽然总体上正式度的排序是从低分组到中分组，然后到高分组，但是低分组和中分组差距很小。在非正式语体特征标记方面，首先对比了不同水平留学生在 4 个词类上的异同，发现低分组和中分组口语化倾向无显著差异，低分组/中分组和高分组之间存在显著差异，口语化程度明显下降；然后对比了不同水平留学生在 10 类非正式语体特征标记上的异同，结果发现口语化程度从低分组到中分组不降反升，低分组/中分组和高分组之间存在显著差异，口语化程度明显下降。这些发现说明语体习得难度大，也有其独特性。

汲传波(2017)曾经探讨过日本学生汉语水平与口语格式使用的关系。预设随着汉语水平的提高，日本学生书面语中的口语格式使用频率会降低，但发现日本学生口语格式的使用并没有随其作文成绩、证书级别的提高而减少。比如作文分数在 70~80 分之间的学生口语格式使用频率反而比 80 分以上的低，获得证书 B 的学生口语格式使用频率反而比获得证书 A 的低，说明日本学生汉语水平与其书面语中口语格式的使用没有直接关系，也说明语体能力的习得难度非常大。另外还发现，一些汉语水平高的日本学习者在书面写作中也倾向于多使用口语格式，估计是日本学生并不了解这些口语格式的语体属性。丁金国(1997)指出，"语言习得大致有个时限，可以规定出个习得标准；而语体意识习得则不然，既无时限，也很难找出个共同的标准"。这说明语体习得与语言要素的习得有较大差异,语体习得更为复杂。

周芸、张永芹、张婧(2011)曾对泰国学生的汉语谈话语体能力、汉语报道语体能力的习得情况进行问卷调查,发现泰国学生的汉语语体能力习得与其汉语水平之间为正比关系,即"汉语水平越高的泰国学生,习得汉语语体的能力就越强,相应的,其汉语语体能力的水平也就越高"。这一研究虽然与我们的结论有一些差异,但是也可以解释。因为周芸、张永芹、张婧(2011)的研究采用的是问卷调查的方式,不是考察实际语言使用能力;该文所界定的初、中、高级汉语水平的标准也并未明确说明;其考察的语体能力范围比较广,既有语体接受能力,也有语体产出能力。

另外,本研究还发现,从正式语体特征标记的角度来看,外国留学生的语体典雅度与语言水平之间是对应的,随着语言水平提升,语言的典雅度也在提升。这一发现和莫丹(2016)有一些差异,她以不同汉语水平的欧美留学生的59000字写作文本为对象,以4个正式体语体特征与2个庄典体语体特征为变量,考察留学生书面正式语体能力的发展路径,并与母语者文本进行对比,结果发现除正式体语体特征中的词汇复杂性与合偶双音词数量基本随着语言水平的提高呈线性上升外,正式体其他变量与庄典体各变量的发展都表现出与语言能力发展阶段一定程度的不匹配。本研究的结论与莫丹(2016)不同可能是语体特征标记不同导致,也可能是我们的研究未分国别,而莫丹(2016)的研究仅选取了欧美留学生。但是这也说明语体习得研究非常复杂,不像语法、词汇、语音研究有明确的判断标准。

另外,口语化特征与典雅度之间按照常理推论,应该是成反比例关系。也就是说,口语化特征多,典雅度应该低。但是实际语言使用中并不是这么简单。外国留学生同时习得了非正式语体特征标记和正式语体特征标记,并不能证明他们清楚地意识到这些语法、词汇特征的语体属性,因此就有可能出现随着语言水平的提高,典雅度提高,口语化反而更明显的现象。这种不匹配现象在低分组到中分组中出现,但是并未在中分组到高分组出现,即中级阶段与初级阶段相比,存在口语化程度、典雅度同时提高的自相矛盾现象。这说明语体的习得比较复杂,存在反"V"字型的情况,如非正式语体特征标记的使用,先低后高再低,即先少用后多用再少用。本研究发现与王桢(2012)有相同之处,该研究对中级留学生的汉语语体转换能力进行了实验调查和分析。实验发现,将口语表达过的内容转换为书面形式对学生来说难度较大;语体输出多样化能力较差,汉语正式语体的使用能力低于非正式语体的使用能力。这说明非正式语体能力与正式语体能力不是同步发展的,存在一定的不对应性。

总体而言,本研究结果与文秋芳(2009)有一些相似,她选择 14 个典型语体特征分析英语专业学生一年级与四年级英语口笔语语体特征的变化,同时考察其变化与本族语者(英语母语者)口笔语语体差异的方向是否一致。其研究结果表明,经过 4 年学习,学生英语口笔语语体差异程度朝着本族语者口笔语差异的方向变化,但与本族语者仍有很大区别。这说明,不论是汉语二语学习者,还是英语二语学习者,语体习得都是一个螺旋式上升、进步的过程,但是与母语者相比仍然有很大差距,需要引起高度重视。

第六章

不同国别留学生汉语书面语体习得比较研究

我们选取日本、韩国、欧美留学生作为代表,研究不同国别的留学生在书面语体习得方面的特点并进行比较,以期发现是否存在语体习得异同。日本留学生语体习得部分,我们首先会介绍笔者在语体特征标记群确定之前运用在线语料库的先导性研究成果,在此基础上,再根据自建语料库和第三章确定的语体特征标记群进行深入、全面对比分析;韩国、欧美留学生的语体习得情况将会自建语料库,对第三章确定的语体特征标记群进行研究。

6.1 日本留学生汉语书面语体习得情况

对外汉语教学实践中我们有这样的印象:不少日语母语的汉语学习者比其他母语背景的学习者汉语书面语能力强,口语表达能力弱。那么是否可以推论:母语为日语的学习者在书面语中不存在口语化情况或者口语化不明显?我们首先基于在线语料库,对日本留学生使用口语格式的频率与各国留学生、汉语母语者分别进行对比,发现异同。

6.1.1 基于在线语料库的日本留学生口语格式习得研究①

我们首先通过对比日本留学生语料(取自 HSK 动态作文语料库)和汉语母语者语料(取自平衡语料库)中 37 个口语格式使用的标准化频率(每百万字),判断日本留学生是否在书面语中多用口语格式,多用哪些口语格式,并对比日本留学生和各国留学生使用口语格式方面是否存在差异。

(一)日本留学生汉语书面语中口语格式使用情况统计分析

(1)日本留学生 37 个口语格式总体使用情况

首先统计出 37 个口语格式在日本留学生作文中出现次数(309),然后推算出日本留学生的作文总字数。具体方法为:HSK 动态作文语料库总计有 11569 篇作文,总字数为 424 万字,其中日本留学生共有 3211 篇作文,其总字数推算方法为:3211÷11569×424(约为 117.6821 万字)。然后用次数除以字数,计算出频率,结果见表 6.1。

表 6.1　37 个口语格式在不同语料库中的频率比较

语料类别	37 个口语格式出现次数	语料总字数	频率
日本留学生	309	1.18	262.57
各国留学生	1094	4.24	258.02
汉语母语者	2915	20	145.75②

根据表 6.1 可知,日本留学生使用 37 个口语格式的频率稍高于各国留学生总体频率,但是远远高于汉语母语者的频率,日本留学生与汉语母语者频率比较的卡方值为 94.79,p 值小于 0.01($p=0.00$)。这一结果说明预设不成立。虽然日本留学生有汉字的优势,但是其书面语中仍然存

---

① 该部分在汲传波(2017)基础上进行大幅修改、补充而成。
② 汲传波(2017)在计算口语格式在平衡语料库中的使用频率时,采取非常严格的标准,未将口语格式"你看"的数据列入。本研究做了调整,认为口语格式"你看"只要放在句子开头,都计入在内(共出现 344 次),因此数据有所调整。但最终研究结论并未受此影响,依然成立。需要说明的是,本节在汲传波(2017)基础上又对口语格式的频率进行了卡方检验,使结论更为科学。

在口语化情况,并且还略高于各国留学生的平均值。日本留学生与各国留学生频率比较,卡方值为 0.06,p 值大于 0.05($p=0.81$)。这说明,日本留学生与其他各国留学生相比,并没有显现出书面语方面的优势,不存在显著差异。

这一结论说明,日本留学生尚未意识到 37 个汉语口语格式常用于口语语体中,因此在书面语中过多地使用。虽然这是从单一的维度考察口语化倾向,但这一结果可以说明日本留学生的汉语书面语体能力尚存在不足。后文我们将从更多的维度去验证该结论。

(2)日本留学生比汉语母语者多用的口语格式

我们将口语格式在日本留学生作文与汉语母语者书面语语料库中的使用频率进行比较,发现书面语中日本留学生比汉语母语者多用的口语格式有 10 个:无所谓、没问题、不好意思、不得了、对了、不怎么(样)、不用说、再说吧、话(得/又)说回来、不像话。(见表 6.2)日本留学生比汉语母语者多用部分口语格式,可能表明日本留学生对这些口语格式比较熟悉,但是并不了解其口语语体特征,因此在书面语中使用较多。

表 6.2　日本留学生比汉语母语者多用的口语格式

口语格式	次数/频率(日)	次数/频率(汉)	卡方值	p 值
无所谓	49/41.64	105/5.25	197.39	0.00
没问题	32/27.19	45/2.25	183.36	0.00
不好意思	56/47.59	188/9.40	137.36	0.00
不得了	30/25.49	71/3.55	107.65	0.00
对了	13/11.05	12/0.60	94.09	0.00
不怎么(样)	20/17.00	44/2.20	75.68	0.00
不用说	27/22.94	98/4.90	58.28	0.00
再说吧	2/1.70	0/0.00	18.38	0.00
话(得/又)说回来	7/5.95	33/1.65	8.71	0.00
不像话	3/2.55	9/0.45	5.34	0.02

(3) 日本留学生比汉语母语者少用的口语格式

日本留学生比汉语母语者使用频率低的口语格式,见表 6.3,一共有 5 个:罢了、你看、别看、怪不得、不要紧。日本留学生比汉语母语者少用部分口语格式,可能表明日本留学生对这些口语格式不是非常熟悉,而不是因为他们知道这些格式的口语语体特征。这是基于日本留学生对 37 个口语格式使用频率远远高于汉语母语者所作出的推测,因为总体而言日本留学生的汉语书面语体能力比较弱。

表 6.3 日本留学生比汉语母语者少用的口语格式

口语格式	次数/频率(日)	次数/频率(汉)	卡方值	p 值
罢了	5/4.25	359/17.95	11.35	0.00
你看	8/6.80	344/17.20	6.62	0.01
别看	0/0.00	121/6.05	6.10	0.01
怪不得	0/0.00	105/5.25	5.16	0.02
不要紧	3/2.55	182/9.10	4.74	0.03

(4) 日本留学生与汉语母语者使用无显著差异的口语格式

我们发现还有 22 个口语格式,日本留学生和汉语母语者使用并无显著差异,见表 6.4。正如前文分析所言,这些使用无显著差异的口语格式,并不能证明日本留学生已经完全掌握了其语体特征。

表 6.4 日本留学生与汉语母语者使用无显著差异的口语格式

口语格式	次数/频率(日)	次数/频率(汉)	卡方值	p 值
没劲	3/2.55	17/0.85	1.84	0.18
没事儿	1/0.85	2/0.10	0.71	0.40
就这样(吧/了)	29/24.64	451/22.55	0.13	0.72
好了	3/2.55	47/2.35	0.03	0.86
说白了	1/0.85	7/0.35	0.01	0.93
本来嘛	0/0.00	3/0.15	0.71	0.40
(不)要说	3/2.55	127/6.35	2.03	0.15

续表

口语格式	次数/频率(日)	次数/频率(汉)	卡方值	p 值
算了	4/3.40	132/6.60	1.31	0.25
就是了	3/2.55	80/4.00	0.28	0.59
巴不得	1/0.85	30/1.50	0.03	0.86
(就)得了	1/0.85	17/0.85	0.26	0.61
你说呢	1/0.85	29/1.45	0.02	0.89
说真的	1/0.85	35/1.75	0.13	0.72
没什么	1/0.85	43/2.15	0.39	0.53
有的是	1/0.85	17/0.85	0.26	0.61
怎么搞的	0/0.00	53/2.65	2.15	0.14
话是这么说	0/0.00	2/0.10	1.44	0.23
说不好	0/0.00	4/0.20	0.37	0.54
说了算	1/0.85	34/1.70	0.11	0.74
要我说	0/0.00	2/0.10	1.44	0.23
一句话	0/0.00	59/2.95	2.49	0.11
够朋友	0/0.00	8/0.40	0.01	0.93

(5)日本留学生与各国留学生使用口语格式情况比较

根据每个口语格式在日本留学生作文中的使用情况,将研究结果与第四章中各国留学生的分布情况进行比较。运用卡方检验发现,仅有一个口语格式"无所谓"在日本留学生和各国留学生作文中的使用频率有显著差异,日本留学生为 41.64,各国留学生为 20.99,卡方值为 14.61,p 值小于 0.01。其他口语格式比较结果 p 值均大于或等于 0.05(具体数据不再列表)。

(二)讨论

通过对比日本留学生和汉语母语者书面语中使用 37 个口语格式的差异,发现日本留学生汉语书面语中存在口语化情况。由于仅采用 37 个口语格式作为语体特征标记,作为首次研究尝试还是可行的,但是要进行全面、深入研究,必须采用更多的语体特征标记。为此,我们根据第三章所概括的语体特征标记群,进行深入比较。在进行韩国、欧美留学生的语体习得研究时,不再重复进行口语格式的先期研究,直接进行全面对比。

6.1.2 基于自建语料库的对比研究

(一)语料来源

选取 HSK 动态作文语料库中的日本留学生议论文语料(见表 6.5),自建小型语料库,对文本进行清理,然后用厦门大学 segtag 分词软件分词。日本留学生议论文语料库库容量(字)为 322532,库容量(词)为 213365。对比语料库为中国高中生议论文语料库,共 350 篇,库容量(字)为 315389,库容量(词)为 218361。

表 6.5 日本留学生议论文语料抽取①

作文题目	作文数量	抽取数量
吸烟对个人健康和公众利益的影响	515	160
父母是孩子的第一任老师	500	156
由"三个和尚没水喝"想到的	450	140
如何看待"安乐死"	395	123
绿色食品与饥饿	322	100
我对男女分班的看法	71	22
如何面对挫折	62	19
静音环境对人体的危害	48	15
学习汉语的苦与乐	31	10
如何看待"妻子回家"	7	2
如何解决代沟问题	3	2
我对离婚问题的看法	2	1
总计	2406	750

---

① 日本留学生议论文语料库由研究生胡婷协助整理。

(二) 基本项目对比

(1) 平均词长

根据公式计算出日本留学生议论文和中国高中生议论文的平均词长,如表 6.6 所示。

表 6.6 日本留学生与中国高中生议论文平均词长比较

语料类别	库容量(字)	标点数	库容量(词)	平均词长
日本留学生	322532	29219	213365	1.75
中国高中生	315389	35508	218361	1.73

根据表 6.6 可知,中国高中生议论文比日本留学生议论文的平均词长短 0.02,这一数据和预期不符,也许与日语中使用汉字有关系,具体原因有待深入研究。

(2) 词汇密度

根据公式计算出日本留学生议论文和中国高中生议论文的词汇密度,如表 6.7 所示。

表 6.7 日本留学生与中国高中生议论文词汇密度比较

语料类别	实词数	总词数	词汇密度
日本留学生	126428	163059	77.54%
中国高中生	130094	162100	80.26%

根据表 6.7 可知,中国高中生议论文比日本留学生议论文的词汇密度高 2.72 个百分点,说明中国高中生议论文使用实词比日本留学生议论文要多,信息量更大,信息语域更广,正式度更高。

(3) 型次比

根据公式计算出日本留学生议论文和中国高中生议论文的型次比,具体数值如表 6.8 所示。

表6.8 日本留学生与中国高中生议论文型次比比较

语料类别	类符	形符	型次比
日本留学生	6264	180973	18.92
中国高中生	18351	181517	27.79

根据表6.8可知,中国高中生议论文比日本留学生议论文的型次比高8.87,正式度更高。

(4)平均句长

根据公式计算出日本留学生议论文和中国高中生议论文的平均句长,结果如表6.9所示。

表6.9 日本留学生与中国高中生议论文平均句长比较

语料类别	库容量(字)	总句数	平均句长
日本留学生	322532	12108	26.64
中国高中生	315389	7981	39.52

根据表6.9可知,中国高中生议论文的平均句长比日本留学生议论文多12.88个字,说明中国高中生议论文的句子和日本留学生的相比,更为复杂,信息量更大,也更为正式。

(5)小结

通过基本项目的比较,我们发现除了平均词长日本留学生高于中国高中生外,其他项目都低于中国高中生。这说明,总体上日本留学生的书面语比中国高中生的正式度要低。

(三)非正式语体特征标记对比

(1)4个词类在日本留学生和中国高中生议论文中的频率

日本留学生议论文语料库库容量(词)为213365,中国高中生议论文语料库库容量(词)为218361,卡方检验结果见表6.10。总体上二者具有非常显著的差异,卡方值为1311.19, p 值小于0.01。在副词、代词、语气词方面也都有非常显著的差异,在叹词这一小项上,中国高中生比日本留学生多用,差异显著。

表6.10　4个词类在日本留学生和中国高中生议论文中的频率

词类	次数/频率(日)	次数/频率(中)	卡方值	p 值
副词	19246/90.20	15732/72.05	477.57	0.00
代词	16271/76.26	12309/56.37	690.25	0.00
叹词	2/0.01	12/0.06	5.58	0.02
语气词	1484/6.96	1143/5.23	52.55	0.00
总计	37003/173.43	29196/133.71	1311.19	0.00

(2) 10类非正式语体特征标记在日本留学生和中国高中生议论文中的频率

下面我们来看10类非正式语体特征标记在日本留学生议论文语料库与中国高中生议论文语料库中的对比情况,见表6.11。从所列10个大类来看,总体上日本留学生议论文中使用的频率为38.80,中国高中生为18.62,前者远高于后者,卡方值为1565.63,p 值小于0.01。这说明日本留学生书面语的口语化倾向远远高于中国高中生。我们把每个小类再进行分别比较,发现两个语料库中"叹词、句式、儿化、惯用语"p 值大于0.05,不具有显著差异,其他各项都有显著差异。

表6.11　10类非正式语体特征标记在日本留学生和中国高中生议论文中的频率

大类	次数/频率(日)	次数/频率(中)	卡方值	p 值
叹词	0/0.00	3/0.01	1.29	0.26
语气词	583/2.73	501/2.29	8.09	0.00
第一、二人称代词	5345/25.05	2297/10.52	1309.79	0.00
副词及相关结构	71/0.33	26/0.12	21.00	0.00
介词	1239/5.81	369/1.69	491.85	0.00
条件标记	118/0.55	20/0.09	70.48	0.00
句式	810/3.80	792/3.63	0.79	0.37
儿化	11/0.05	11/0.05	0.03	0.87
口语格式	97/0.46	46/0.21	18.67	0.00

续表

大类	次数/频率(日)	次数/频率(中)	卡方值	p 值
惯用语	4/0.02	1/0.01	0.85	0.36
总计	8278/38.80	4066/18.62	1565.63	0.00

25个具体分项的频率和卡方值比较见表6.12。日本留学生议论文比中国高中生议论文少用的有6项,频率差为负值,其中2项p值大于0.05(叹词"哦"、语气词"吧"),4项p值小于0.05(语气词"啊、吗"、第二人称代词"你"、句式"V得"),表明日本留学生议论文中这4个项目的使用明显少于中国高中生。其他19项中,有8项p值大于0.05(第二人称代词"你们、您"、副词结构"又不、又没"、条件标记"要不是"、句式"A得"、儿化"名+儿"、惯用语),这表明日本留学生与中国高中生在议论文中使用这些项目不存在显著差异;有11项p值小于0.05(语气词"呢"、第一人称代词"我"、副词及相关结构"一共、从来、真+A"、介词"跟、因为"、条件标记"不管、要是"、句式"疑问句"、口语格式),因此在这11个项目上,日本留学生比中国高中生明显多用。

表6.12 非正式语体特征标记分项在日本留学生和中国高中生议论文中的频率

分项	次数/频率(日)	次数/频率(中)	卡方值	p 值
哦	0/0.00	3/0.01	1.29	0.26
吧	106/0.50	110/0.50	0.00	0.97
呢	341/1.60	150/0.69	78.09	0.00
啊	20/0.09	84/0.39	36.73	0.00
吗	116/0.54	157/0.72	4.98	0.03
我	5029/23.57	1415/6.48	2142.47	0.00
你	268/1.26	847/3.88	287.18	0.00
你们	38/0.18	28/0.13	1.44	0.23
您	10/0.05	7/0.03	0.28	0.59
一共	6/0.03	0/0.00	4.28	0.04

续表

分项	次数/频率（日）	次数/频率（中）	卡方值	p 值
从来	38/0.18	12/0.06	13.09	0.00
又不	12/0.06	9/0.04	0.24	0.62
又没	0/0.00	0/0.00	0.00	1.00
真+A	15/0.07	5/0.02	4.26	0.04
跟	596/2.79	26/0.12	534.61	0.00
因为	643/3.01	343/1.57	97.96	0.00
不管	73/0.34	14/0.06	40.03	0.00
要是	45/0.21	6/0.03	29.21	0.00
要不是	0/0.00	0/0.00	0.00	1.00
V得	165/0.77	250/1.15	15.13	0.00
A得	34/0.16	28/0.13	0.53	0.47
疑问句	611/2.86	514/2.35	10.59	0.00
名+儿	11/0.05	11/0.05	0.03	0.87
口语格式	97/0.46	46/0.21	18.67	0.00
惯用语	4/0.02	1/0.01	0.85	0.36

从非正式语体特征标记的角度考察日本留学生与中国高中生的异同，发现无论是从词类的角度，还是在具体的语法、词汇的使用上，日本留学生书面语总体上非正式程度高于中国高中生，呈现出口语化倾向。

（四）正式语体特征标记对比

（1）总体情况

我们先看11类正式语体特征标记在日本留学生和中国高中生议论文中的频率情况，见表6.13。

表6.13　11类正式语体特征标记在日本留学生和中国高中生议论文中的频率

大类	次数/频率（日）	次数/频率（中）	卡方值	p 值
名词类 （N的V、名动词）	3316/15.54	3604/16.51	6.29	0.01

续表

大类	次数/频率(日)	次数/频率(中)	卡方值	p 值
副词及相关结构 (并不、并没、共)	130/0.61	133/0.61	0.00	0.95
连词 [(V)和(V)、与]	132/0.62	991/4.54	637.57	0.00
动词(令)	23/0.11	99/0.45	44.41	0.00
介词(因)	43/0.20	136/0.62	45.20	0.00
代词(其)	52/0.24	259/1.19	131.84	0.00
话语标记	39/0.18	11/0.05	15.22	0.00
句式	1/0.01	62/0.28	55.78	0.00
文言结构	652/3.06	3199/14.65	1639.66	0.00
成语	337/1.58	1780/8.15	953.94	0.00
合偶词	8506/39.87	7951/36.41	35.01	0.00
总计	13231/62.01	18225/83.46	734.82	0.00

总体来看，11个大类日本留学生议论文中使用的频率为62.01，而中国高中生议论文中使用的频率为83.46，卡方值为734.82，p值小于0.01，两者差异非常显著。这说明，总体而言，日本留学生在书面语言的正式度上低于中国高中生，存在典雅度不足的问题。具体观察可知，有2项日本留学生比中国高中生使用频率高且p值小于0.01，即"话语标记、合偶词"，其他8项日本留学生比中国高中生明显少用。在"合偶词"的使用上，日本留学生比中国高中生多用，可能与日语中的汉字有关，这值得将来进一步研究。

(2) 具体分项情况

通过表6.14可知，日本留学生和中国高中生议论文在以下14个具体项目上存在显著差异且频率差为负值：N的V、(V)和(V)、与、令、因、其、为……所V、V向N、"于"字结构、"者"字结构、"之"字结构、"而"字结构、"以"字结构、成语。这说明日本留学生议论文比中国高中生议论文在以上项目上明显少用。

表 6.14 正式语体特征标记分项在日本留学生和中国高中生议论文中的频率

分项	次数/频率(日)	次数/频率(中)	卡方值	p 值
N 的 V	45/0.21	167/0.77	66.33	0.00
名动词	3271/15.33	3437/15.74	1.16	0.28
并不	106/0.50	93/0.43	1.03	0.31
并没	12/0.06	19/0.09	1.03	0.31
共	12/0.06	21/0.10	1.76	0.18
(V)和(V)	20/0.09	43/0.20	7.18	0.01
与	112/0.53	948/4.34	640.23	0.00
令	23/0.11	99/0.45	44.41	0.00
因	43/0.20	136/0.62	45.20	0.00
其	52/0.24	259/1.19	131.84	0.00
综上所述	6/0.03	0/0.00	4.28	0.04
归根结底	0/0.00	1/0.01	0.00	0.99
由此可见	11/0.05	8/0.04	0.26	0.61
众所周知	22/0.10	2/0.01	15.49	0.00
为……所 V	1/0.01	22/0.10	16.93	0.00
予	0/0.00	4/0.02	2.18	0.14
V 向 N	0/0.00	36/0.17	33.23	0.00
"于"字结构	54/0.25	420/1.92	273.02	0.00
"者"字结构	61/0.29	264/1.21	121.03	0.00
"之"字结构	50/0.23	1024/4.69	861.38	0.00
"而"字结构	424/1.99	1114/5.10	294.01	0.00
"以"字结构	63/0.30	377/1.73	215.72	0.00
成语	337/1.58	1780/8.15	953.94	0.00
合偶词	8506/39.87	7951/36.41	35.01	0.00

(五) 分析与讨论

从在线语料库和自建语料库的检索结果来看,日本留学生的书面语整体上呈现口语化有余、典雅度不足的问题。这与先前的预设不符,我们以为日本留学生由于受母语中汉字影响,书面语应该不会呈现口语化倾向,典雅度也不存在问题。由此看来,国别化的语体习得研究还是很有必要。

日本留学生书面语的口语化有余和典雅度不足是相对应的,即口语化程度越高,典雅度越低。但就某些具体项目而言,比如平均词长,日本留学生反而比中国高中生长,从一个维度表现出正式度更高;日本留学生对合偶词的使用要多于中国高中生,从一个维度表现出典雅度更高。这些看似矛盾的现象,都可能与日本留学生受母语中汉字的影响有关,具体原因有待进一步研究。

我们通过具体的词汇、语法项目对日本留学生和中国高中生的书面语进行比较,发现不少日本留学生比中国高中生使用偏多或偏少的问题,这些发现虽然不能孤立来看,但是却非常有价值。这启发我们在汉语教学实践中,应该明确一些句法、词汇的倾向性语体属性,避免留学生语体使用失误。

6.2 韩国留学生汉语书面语体习得情况

6.2.1 语料选取

按照相同比例随机抽取了 HSK 动态作文语料库中的韩国留学生议论文语料(见表 6.15),共计 750 篇,自建语料库,对文本进行清理,然后用厦门大学 segtag 分词软件分词。韩国留学生议论文语料库库容量(字)为 278853,库容量(词)为 190882。对比语料库为中国高中生议论文语料库,共 350 篇,库容量(字)为 315389,库容量(词)为 218361。

表 6.15　韩国留学生议论文语料抽取

作文题目	作文数量	抽取数量
吸烟对个人健康和公众利益的影响	501	192
父母是孩子的第一任老师	9	3
如何看待"安乐死"	118	43
绿色食品与饥饿	1125	426
如何面对挫折	77	29
学习汉语的苦与乐	85	31
我对离婚问题的看法	73	26
总计	1988	750

6.2.2　基本项目对比

(一)平均词长

根据公式计算出韩国留学生议论文和中国高中生议论文的平均词长,如表6.16所示。

表 6.16　韩国留学生与中国高中生议论文平均词长比较

语料类别	库容量(字)	标点数	库容量(词)	平均词长
韩国留学生	278853	30916	190882	1.74
中国高中生	315389	35508	218361	1.73

根据表 6.16 可知,中国高中生议论文比韩国留学生议论文的平均词长短0.01,说明仅从平均词长这一指标看,两个群体的书面语正式度近似。

(二)词汇密度

根据公式计算出韩国留学生议论文和中国高中生议论文的词汇密度,如表 6.17 所示。

表 6.17　韩国留学生与中国高中生议论文词汇密度比较

语料类别	实词数	总词数	词汇密度
韩国留学生	110088	143488	76.72%
中国高中生	130094	162100	80.26%

根据表 6.17 可知，中国高中生议论文比韩国留学生议论文的词汇密度高 3.54 个百分点，说明中国高中生议论文使用实词比韩国留学生议论文要多，信息量更大，信息语域更广，正式度更高。

（三）型次比

根据公式计算出韩国留学生议论文和中国高中生议论文的型次比，具体数值如表 6.18 所示。

表 6.18　韩国留学生与中国高中生议论文型次比比较

语料类别	类符	形符	型次比
韩国留学生	6073	153662	19.17
中国高中生	18351	181517	27.79

根据表 6.18 可知，中国高中生议论文比韩国留学生议论文的型次比高 8.62，正式度更高。

（四）平均句长

根据公式计算出韩国留学生议论文和中国高中生议论文的平均句长，结果如表 6.19 所示。

表 6.19　韩国留学生与中国高中生议论文平均句长比较

语料类别	库容量（字）	总句数	平均句长
韩国留学生	278853	9115	30.59
中国高中生	315389	7981	39.52

根据表 6.19 可知，中国高中生议论文的平均句长比韩国留学生议论文多 8.93 个字，说明中国高中生议论文的句子和韩国留学生的相比，更为复杂，信息量更大，也更为正式。

(五)小结

通过基本项目的比较,我们发现韩国留学生仅在平均词长这一项上与中国高中生相近,在其他项目上都明显低于中国高中生,这说明韩国留学生书面语的正式度低于中国高中生。

6.2.3 非正式语体特征标记对比

(一)4个词类在韩国留学生和中国高中生议论文中的频率

韩国留学生议论文语料库库容量(词)为190882,中国高中生议论文语料库库容量(词)为218361,卡方检验结果见表6.20。总体上二者具有非常显著的差异,卡方值为125.45,p值小于0.01。在副词、代词、语气词方面也都有非常显著的差异,在叹词这一小项上,中国高中生比韩国留学生使用频率高,差异并不显著。

表6.20 4个词类在韩国留学生和中国高中生议论文中的频率

词类	次数/频率(韩)	次数/频率(中)	卡方值	p值
副词	15189/79.57	15732/72.05	82.50	0.00
代词	11179/58.57	12309/56.37	9.03	0.00
叹词	3/0.02	12/0.06	3.27	0.07
语气词	1472/7.71	1143/5.23	98.04	0.00
总计	27843/145.87	29196/133.71	125.45	0.00

(二)10类非正式语体特征标记在韩国留学生和中国高中生议论文中的频率

下面我们来看10类非正式语体特征标记在韩国留学生议论文语料库与中国高中生议论文语料库中的对比情况,见表6.21。从所列10个大类来看,总体上韩国留学生议论文中使用的频率为29.09,中国高中生为18.62,前者高于后者,卡方值为485.62,p值小于0.01。这说明韩国留学生书面语的口语化倾向远远高于中国高中生。我们把每个小类再进行分别比较,发现两个语料库中"叹词、句式、儿化、惯用语"p值大于或等于0.05,不具有显著差异,其他各项都有显著差异。

表 6.21 10类非正式语体特征标记在韩国留学生和中国高中生议论文中的频率

大类	次数/频率(韩)	次数/频率(中)	卡方值	p 值
叹词	0/0.00	3/0.01	1.08	0.30
语气词	679/3.56	501/2.29	56.05	0.00
第一、二人称代词	3190/16.71	2297/10.52	294.80	0.00
副词及相关结构	40/0.21	26/0.12	4.63	0.03
介词	743/3.89	369/1.69	181.53	0.00
条件标记	84/0.44	20/0.09	47.32	0.00
句式	748/3.92	792/3.63	2.23	0.14
儿化	2/0.01	11/0.05	3.93	0.05
口语格式	65/0.34	46/0.21	5.86	0.02
惯用语	1/0.01	1/0.01	0.38	0.54
总计	5552/29.09	4066/18.62	485.62	0.00

25个具体分项的频率和卡方值比较见表6.22。韩国留学生议论文比中国高中生议论文少用的有6项,频率差为负值,其中3项 p 值大于或等于0.05(叹词"哦"、语气词"吗"、儿化"名+儿"),3项 p 值小于0.05(语气词"啊"、第二人称代词"你"、句式"V 得"),表明韩国留学生议论文中这3个项目的使用明显少于中国高中生。其他19项中,有7项 p 值大于0.05(副词结构"一共、从来、又不、又没"、条件标记"要不是"、句式"A 得"、惯用语),12项 p 值小于0.05(语气词"吧、呢"、人称代词"我、你们、您"、副词结构"真+A"、介词"跟、因为"、条件标记"不管、要是"、句式"疑问句"、口语格式),因此在这12个项目上,韩国留学生比中国高中生明显多用。

表 6.22 非正式语体特征标记分项在韩国留学生和中国高中生议论文中的频率

分项	次数/频率(韩)	次数/频率(中)	卡方值	p 值
哦	0/0.00	3/0.01	1.08	0.30
吧	135/0.71	110/0.50	6.71	0.01
呢	384/2.01	150/0.69	136.15	0.00

续表

分项	次数/频率(韩)	次数/频率(中)	卡方值	p 值
啊	32/0.17	84/0.39	16.17	0.00
吗	128/0.67	157/0.72	0.28	0.60
我	2905/15.22	1415/6.48	743.83	0.00
你	224/1.17	847/3.88	284.56	0.00
你们	41/0.22	28/0.13	4.03	0.04
您	20/0.11	7/0.03	7.10	0.01
一共	0/0.00	0/0.00	0.00	1.00
从来	12/0.06	12/0.06	0.02	0.90
又不	13/0.07	9/0.04	0.92	0.34
又没	0/0.00	0/0.00	0.00	1.00
真+A	15/0.08	5/0.02	5.37	0.02
跟	176/0.92	26/0.12	131.48	0.00
因为	567/2.97	343/1.57	89.30	0.00
不管	61/0.32	14/0.06	34.89	0.00
要是	23/0.12	6/0.03	11.16	0.00
要不是	0/0.00	0/0.00	0.00	1.00
V 得	136/0.71	250/1.15	19.75	0.00
A 得	40/0.21	28/0.13	3.58	0.06
疑问句	572/3.00	514/2.35	15.65	0.00
名+儿	2/0.01	11/0.05	3.93	0.05
口语格式	65/0.34	46/0.21	5.86	0.02
惯用语	1/0.01	1/0.01	0.38	0.54

通过非正式语体特征标记的比较,总体而言,韩国留学生与中国高中生相比,书面语的非正式程度偏高,呈现口语化倾向。

6.2.4 正式语体特征标记对比

(一)总体情况

我们先看11类正式语体特征标记在韩国留学生和中国高中生议论文中的频率情况,见表6.23。

表6.23 11类正式语体特征标记在韩国留学生和中国高中生议论文中的频率

大类	次数/频率(韩)	次数/频率(中)	卡方值	p 值
名词类 (N 的 V、名动词)	3304/17.31	3604/16.51	3.92	0.05
副词及相关结构 (并不、并没、共)	85/0.45	133/0.61	4.83	0.03
连词 [(V)和(V)、与]	133/0.70	991/4.54	547.37	0.00
动词(令)	10/0.05	99/0.45	60.01	0.00
介词(因)	205/1.07	136/0.62	24.36	0.00
代词(其)	42/0.22	259/1.19	128.02	0.00
话语标记	23/0.12	11/0.05	5.21	0.02
句式	1/0.01	62/0.28	49.60	0.00
文言结构	926/4.85	3199/14.65	979.12	0.00
成语	189/0.99	1780/8.15	1089.43	0.00
合偶词	3053/15.99	7951/36.41	1621.98	0.00
总计	7971/41.76	18225/83.46	2955.87	0.00

总体来看,11个大类韩国留学生议论文中使用的频率为41.76,而中国高中生议论文中使用的频率为83.46,卡方值为2955.87,p 值小于0.01,两者差异非常显著。这说明,总体而言,韩国留学生在书面语言的正式度上低于中国高中生,存在典雅度不足的问题。具体观察可知,有3项韩国留学生比中国高中生使用稍多,即"名词类(N 的 V、名动词)、介词

(因)、话语标记",但"名词类(N 的 V、名动词)"差异并不显著;其他 8 项韩国留学生比中国高中生明显少用。

(二)具体分项情况

通过表 6.24 可知,韩国留学生和中国高中生议论文在以下 14 个具体项目上存在显著差异且频率差为负值:N 的 V、(V)和(V)、与、令、其、为……所 V、V 向 N、"于"字结构、"者"字结构、"之"字结构、"而"字结构、"以"字结构、戒语、合偶词。这说明韩国留学生议论文比中国高中生议论文在这些项目上明显少用。

表 6.24 正式语体特征标记分项在韩国留学生和中国高中生议论文中的频率

分项	次数/频率(韩)	次数/频率(中)	卡方值	p 值
N 的 V	48/0.25	167/0.77	50.14	0.00
名动词	3256/17.06	3437/15.74	10.91	0.00
并不	65/0.34	93/0.43	1.71	0.19
并没	8/0.04	19/0.09	2.49	0.11
共	12/0.06	21/0.10	1.02	0.31
(V)和(V)	12/0.06	43/0.20	12.64	0.00
与	121/0.63	948/4.34	535.94	0.00
令	10/0.05	99/0.45	60.01	0.00
因	205/1.07	136/0.62	24.36	0.00
其	42/0.22	259/1.19	128.02	0.00
综上所述	3/0.02	0/0.00	1.62	0.20
归根结底	0/0.00	1/0.01	0.00	0.95
由此可见	3/0.02	8/0.04	0.97	0.32
众所周知	17/0.09	2/0.01	12.34	0.00
为……所 V	1/0.01	22/0.10	14.88	0.00
予	0/0.00	4/0.02	1.87	0.17
V 向 N	0/0.00	36/0.17	29.63	0.00

续表

分项	次数/频率(韩)	次数/频率(中)	卡方值	p 值
"于"字结构	126/0.66	420/1.92	121.05	0.00
"者"字结构	94/0.49	264/1.21	59.02	0.00
"之"字结构	38/0.20	1024/4.69	791.71	0.00
"而"字结构	602/3.15	1114/5.10	92.08	0.00
"以"字结构	66/0.35	377/1.73	178.29	0.00
成语	189/0.99	1780/8.15	1089.43	0.00
合偶词	3053/15.99	7951/36.41	1621.98	0.00

6.2.5 分析与讨论

通过自建韩国留学生书面语语料库,对基本项目、非正式语体特征标记、正式语体特征标记在韩国留学生和中国高中生书面语中的使用情况进行对比,发现韩国留学生书面语存在口语化有余、典雅度不足的问题。从数据来看,口语化倾向和典雅度相比,典雅度的不足更为凸显,这也说明书面正式语体的教学任重道远。

6.3 欧美留学生汉语书面语体习得情况

6.3.1 语料来源

参考崔希亮(2005),选择美国、英国、澳大利亚、俄罗斯、加拿大、法国、德国、意大利、奥地利、西班牙、新西兰、爱尔兰12个国家作为欧美国家的代表。欧美留学生议论文语料通过在 HSK 动态作文语料库中根据"考生国籍=美国/英国/澳大利亚/俄罗斯/加拿大/法国/德国/意大利/奥地利/西班牙/新西兰/爱尔兰"进行穷尽式"全篇检索"所有的议论文获取。① 自

---

① 欧美留学生议论文语料库由研究生汲文芳协助整理。

建语料库,对文本进行清理,然后用厦门大学 segtag 分词软件分词,欧美留学生议论文语料库库容量(字)为 225120,库容量(词)为 156124。对比语料库为中国高中生议论文语料库,共 350 篇,库容量(字)为 315389,库容量(词)为 218361。

6.3.2 基本项目对比

(一)平均词长

根据公式计算出欧美留学生议论文和中国高中生议论文的平均词长,如表 6.25 所示。

表 6.25 欧美留学生与中国高中生议论文平均词长比较

语料类别	库容量(字)	标点数	库容量(词)	平均词长
欧美留学生	225120	19789	156124	1.65
中国高中生	315389	35508	218361	1.73

根据表 6.25 可知,中国高中生议论文比欧美留学生议论文的平均词长长 0.08,这一数据表明欧美留学生的书面语正式度低于中国高中生,符合预期。

(二)词汇密度

根据公式计算出欧美留学生议论文和中国高中生议论文的词汇密度,如表 6.26 所示。

表 6.26 欧美留学生与中国高中生议论文词汇密度比较

语料类别	实词数	总词数	词汇密度
欧美留学生	95492	123498	77.32%
中国高中生	130094	162100	80.26%

根据表 6.26 可知,中国高中生议论文比欧美留学生议论文的词汇密度高 2.94 个百分点,说明中国高中生议论文使用实词比欧美留学生议论文要多,信息量更大,信息语域更广,正式度更高。

(三)型次比

根据公式计算出欧美留学生议论文和中国高中生议论文的型次比,

具体数值如表 6.27 所示。

表 6.27 欧美留学生与中国高中生议论文型次比比较

语料类别	类符	形符	型次比
欧美留学生	7835	136185	21.26
中国高中生	18351	181517	27.79

根据表 6.27 可知,中国高中生议论文比欧美留学生议论文的型次比高 6.53,正式度更高。

(四)平均句长

根据公式计算出欧美留学生议论文和中国高中生议论文的平均句长,结果如表 6.28 所示。

表 6.28 欧美留学生与中国高中生议论文平均句长比较

语料类别	库容量(字)	总句数	平均句长
欧美留学生	225120	6990	32.21
中国高中生	315389	7981	39.52

根据表 6.28 可知,中国高中生议论文的平均句长比欧美留学生议论文多 7.31 个字,说明中国高中生议论文的句子和欧美留学生的相比,更为复杂,信息量更大,也更为正式。

(五)小结

欧美留学生在 4 个基本项目上均比中国高中生数据低,说明欧美留学生书面语的正式度低于中国高中生,非正式程度更高。

6.3.3 非正式语体特征标记对比

(一)4 个词类在欧美留学生和中国高中生议论文中的频率

欧美留学生议论文语料库库容量(词)为 156124,中国高中生议论文语料库库容量(词)为 218361,卡方检验结果见表 6.29。总体上二者具有非常显著的差异,卡方值为 669.58,p 值小于 0.01。这说明欧美留学生议论文存在明显的口语化倾向。具体来看,在副词、代词两个方面也都有非常显著的差异。但是在叹词、语气词这两项上,中国高中生比欧美留学生使用频率高,卡方值都比较小,其中叹词差异显著,语气词差异不显著。

表6.29 4个词类在欧美留学生和中国高中生议论文中的频率

词类	次数/频率(欧美)	次数/频率(中)	卡方值	p 值
副词	13947/89.33	15732/72.05	372.58	0.00
代词	10916/69.92	12309/56.37	287.04	0.00
叹词	1/0.01	12/0.06	4.86	0.03
语气词	744/4.77	1143/5.23	3.90	0.05
总计	25608/164.02	29196/133.71	669.58	0.00

(二)10类非正式语体特征标记在欧美留学生和中国高中生议论文中的频率

下面我们来看10类非正式语体特征标记在欧美留学生议论文语料库与中国高中生议论文语料库中的对比情况,见表6.30。从所列10个大类来看,总体上欧美留学生议论文中使用的频率为31.87,中国高中生为18.62,前者高于后者,卡方值为677.91,p 值小于0.01。这说明欧美留学生书面语的口语化倾向远远高于中国高中生。我们把每个小类再进行分别比较,发现"叹词、语气词、句式、惯用语"4项,欧美留学生比中国高中生使用频率低,但是"叹词、惯用语"的 p 值大于0.05,差异不显著,仅"语气词、句式"的使用上,欧美留学生比中国高中生明显少用(p 值小于0.05);"儿化、口语格式"虽然欧美留学生多用,但差异并不显著;其他4项(第一、二人称代词,副词及相关结构,介词,条件标记)欧美留学生比中国高中生明显多用。

表6.30 10类非正式语体特征标记在欧美留学生和中国高中生议论文中的频率

大类	次数/频率(欧美)	次数/频率(中)	卡方值	p 值
叹词	0/0.00	3/0.01	0.77	0.38
语气词	302/1.93	501/2.29	5.35	0.02

续表

大类	次数/频率(欧美)	次数/频率(中)	卡方值	p 值
第一、二人称代词	3184/20.39	2297/10.52	614.84	0.00
副词及相关结构	45/0.29	26/0.12	12.87	0.00
介词	822/5.27	369/1.69	365.91	0.00
条件标记	75/0.48	20/0.09	52.74	0.00
句式	491/3.15	792/3.63	6.06	0.01
儿化	11/0.07	11/0.05	0.33	0.57
口语格式	46/0.30	46/0.21	2.28	0.13
惯用语	0/0.00	1/0.01	0.03	0.87
总计	4976/31.87	4066/18.62	677.91	0.00

25个具体分项的频率和卡方值比较见表6.31。欧美留学生议论文比中国高中生议论文少用的有9项，频率差为负值，其中4项 p 值大于0.05(叹词"哦"、句式"A得、疑问句"、惯用语)，5项 p 值小于0.05(语气词"吧、啊、吗"、第二人称代词"你"、句式"V得")，表明欧美留学生议论文中这5个项目的使用明显少于中国高中生。其他16项中，有7项 p 值大于0.05(第二人称代词"你们"、副词及相关结构"一共、又没、真+A"、条件标记"要不是"、儿化"名+儿"、口语格式)，9项 p 值小于0.05(语气词"呢"、人称代词"我、您"、副词及相关结构"从来、又不"、介词"跟、因为"、条件标记"不管、要是")，因此在这9个项目上，欧美留学生比中国高中生明显多用。

表6.31 非正式语体特征标记分项在欧美留学生和中国高中生议论文中的频率

分项	次数/频率(欧美)	次数/频率(中)	卡方值	p 值
哦	0/0.00	3/0.01	0.77	0.38
吧	46/0.30	110/0.50	9.06	0.00
呢	174/1.11	150/0.69	18.76	0.00
啊	12/0.08	84/0.39	32.47	0.00

续表

分项	次数/频率（欧美）	次数/频率（中）	卡方值	p 值
吗	70/0.45	157/0.72	10.56	0.00
我	2877/18.43	1415/6.48	1145.91	0.00
你	226/1.45	847/3.88	187.51	0.00
你们	30/0.19	28/0.13	2.01	0.16
您	51/0.33	7/0.03	49.14	0.00
一共	1/0.01	0/0.00	0.03	0.87
从来	19/0.12	12/0.06	4.13	0.04
又不	17/0.11	9/0.04	5.07	0.02
又没	3/0.02	0/0.00	2.14	0.14
真+A	5/0.03	5/0.02	0.05	0.83
跟	266/1.70	26/0.12	291.39	0.00
因为	556/3.56	343/1.57	149.78	0.00
不管	31/0.20	14/0.06	12.60	0.00
要是	40/0.26	6/0.03	36.94	0.00
要不是	4/0.03	0/0.00	3.45	0.06
V得	126/0.81	250/1.15	10.02	0.00
A得	16/0.10	28/0.13	0.32	0.57
疑问句	349/2.24	514/2.35	0.51	0.48
名+儿	11/0.07	11/0.05	0.33	0.57
口语格式	46/0.30	46/0.21	2.28	0.13
惯用语	0/0.00	1/0.01	0.03	0.87

通过非正式语体特征标记的比较，我们发现，总体上欧美留学生书面语呈现口语化倾向。另外，我们认为留学生少使用的项目并不代表其清楚在某种语体下不能使用，也可能与留学生尚未习得有关。

6.3.4 正式语体特征标记对比

(一)总体情况

我们先看11类正式语体特征标记在欧美留学生和中国高中生议论文中的频率情况,见表6.32。

表6.32 11类正式语体特征标记在欧美留学生和中国高中生议论文中的频率

大类	次数/频率(欧美)	次数/频率(中)	卡方值	p 值
名词类 (N 的 V、名动词)	2855/18.29	3604/16.51	16.95	0.00
副词及相关结构 (并不、并没、共)	136/0.87	133/0.61	8.35	0.00
连词 [(V)和(V)、与]	363/2.33	991/4.54	123.17	0.00
动词(令)	76/0.49	99/0.45	0.15	0.70
介词(因)	71/0.46	136/0.62	4.35	0.04
代词(其)	79/0.51	259/1.19	45.94	0.00
话语标记	17/0.11	11/0.05	3.42	0.06
句式	2/0.01	62/0.28	37.59	0.00
文言结构	951/6.09	3199/14.65	607.71	0.00
成语	426/2.73	1780/8.15	456.26	0.00
合偶词	5260/33.69	7951/36.41	19.72	0.00
总计	10236/65.56	18225/83.46	415.08	0.00

总体来看,11个大类欧美留学生议论文中使用的频率为65.56,而中国高中生议论文中使用的频率为83.46,卡方值为415.08,p 值小于0.01,两者差异非常显著。这说明,总体而言,欧美留学生在书面语言的正式度上低于中国高中生,存在典雅度不足的问题。具体观察可知,有4项欧美留学生比中国高中生使用频率高,即"名词类(N 的 V、名动词)、副词及相关

结构(并不、并没、共)、动词(令)、话语标记",但"动词(令)、话语标记"差异并不显著;其他7项欧美留学生比中国高中生明显少用。

(二)具体分项情况

通过表6.33可知,欧美留学生和中国高中生议论文在以下13个具体项目上存在显著差异且频率差为负值:N的V、与、因、其、为……所V、V向N、"于"字结构、"者"字结构、"之"字结构、"而"字结构、"以"字结构、成语、合偶词。

表6.33　正式语体特征标记分项在欧美留学生和中国高中生议论文中的频率

分项	次数/频率(欧美)	次数/频率(中)	卡方值	p值
N的V	27/0.17	167/0.77	60.45	0.00
名动词	2828/18.11	3437/15.74	31.04	0.00
并不	111/0.71	93/0.43	13.07	0.00
并没	18/0.12	19/0.09	0.48	0.49
共	7/0.05	21/0.10	2.56	0.11
(V)和(V)	53/0.34	43/0.20	6.67	0.01
与	310/1.99	948/4.34	150.21	0.00
令	76/0.49	99/0.45	0.15	0.70
因	71/0.46	136/0.62	4.35	0.04
其	79/0.51	259/1.19	45.94	0.00
综上所述	4/0.03	0/0.00	3.45	0.06
归根结底	0/0.00	1/0.01	0.03	0.87
由此可见	5/0.03	8/0.04	0.00	0.96
众所周知	8/0.05	2/0.01	4.56	0.03
为……所V	2/0.01	22/0.10	9.66	0.00
予	0/0.00	4/0.02	1.40	0.24
V向N	0/0.00	36/0.17	24.06	0.00
"于"字结构	77/0.49	420/1.92	139.42	0.00

续表

分项	次数/频率（欧美）	次数/频率（中）	卡方值	p 值
"者"字结构	99/0.63	264/1.21	30.48	0.00
"之"字结构	121/0.78	1024/4.69	456.34	0.00
"而"字结构	538/3.45	1114/5.10	56.44	0.00
"以"字结构	116/0.74	377/1.73	66.23	0.00
成语	426/2.73	1780/8.15	456.26	0.00
合偶词	5260/33.69	7951/36.41	19.72	0.00

6.3.5 分析与讨论

通过自建欧美留学生书面语语料库，对基本项目在欧美留学生和中国高中生书面语中的使用情况进行对比，发现欧美留学生在4个基本项目上均比中国高中生数据低，说明欧美留学生书面语的正式度低于中国高中生，非正式程度更高。该研究结果符合我们的预期。

通过非正式语体特征标记的比较，我们发现，总体上欧美留学生书面语呈现口语化倾向。通过正式语体特征标记的比较，我们也发现，总体上欧美留学生书面语的正式度低于中国高中生，存在典雅度不足的问题。因此，结合口语化倾向与典雅度不足两个方面，基本可以证明欧美留学生与中国高中生相比，书面语体能力尚有不足。

6.4 不同国别留学生汉语书面语体习得比较

6.4.1 基本项目对比

（一）平均词长

根据前文计算结果，不同国家留学生议论文的平均词长如表6.34所示，日本留学生议论文的平均词长最长，其次为韩国留学生、欧美留学生。后文我们再将基本项目进行综合比较。

表 6.34　不同国家留学生议论文平均词长比较

语料类别	库容量(字)	标点数	库容量(词)	平均词长
日本留学生	322532	29219	213365	1.75
韩国留学生	278853	30916	190882	1.74
欧美留学生	225120	19789	156124	1.65

(二) 词汇密度

根据前文计算结果,不同国家留学生议论文的词汇密度如表 6.35 所示,日本留学生议论文的词汇密度高于欧美留学生和韩国留学生,但差别不大。

表 6.35　不同国家留学生议论文词汇密度比较

语料类别	实词数	总词数	词汇密度
日本留学生	126428	163059	77.54%
韩国留学生	110088	143488	76.72%
欧美留学生	95492	123498	77.32%

(三) 型次比

根据前文计算结果,不同国家留学生议论文的型次比如表 6.36 所示,欧美留学生议论文的型次比高于韩国留学生和日本留学生。

表 6.36　不同国家留学生议论文型次比比较

语料类别	类符	形符	型次比
日本留学生	6264	180973	18.92
韩国留学生	6073	153662	19.17
欧美留学生	7835	136185	21.26

(四) 平均句长

根据前文计算结果,不同国家留学生议论文的平均句长如表 6.37 所示,欧美留学生议论文的平均句长比韩国留学生和日本留学生长。

表 6.37 不同国家留学生议论文平均句长比较

语料类别	库容量(字)	总句数	平均句长
日本留学生	322532	12108	26.64
韩国留学生	278853	9115	30.59
欧美留学生	225120	6990	32.21

(五) 小结

综合以上4个基本项目,可以用不等式表示如下:

平均词长:日本＞韩国＞欧美

词汇密度:日本＞欧美＞韩国

型次比:欧美＞韩国＞日本

平均句长:欧美＞韩国＞日本

假设这4个项目在判别正式度方面的作用一致,我们用3、2、1对排序进行赋分,那么可以得到结果如下:

欧美(9)＞日本(8)＞韩国(7)

这一结果说明,欧美留学生汉语书面语的正式度高于日本,日本高于韩国。当然,这只是一种推测,后文再结合其他语体特征标记进行验证。

6.4.2 非正式语体特征标记对比

(一) 4个词类在日本、韩国、欧美留学生议论文中的频率

根据表 6.38 可知,从频率来看,日本留学生议论文中4个词类的频率最高,欧美留学生次之,韩国留学生最少。

表 6.38 4个词类在不同国家留学生议论文中的频率

词类	次数/频率(日)	次数/频率(韩)	次数/频率(欧美)
副词	19246/90.20	15189/79.57	13947/89.33
代词	16271/76.26	11179/58.57	10916/69.92
叹词	2/0.01	3/0.02	1/0.01

续表

词类	次数/频率（日）	次数/频率（韩）	次数/频率（欧美）
语气词	1484/6.96	1472/7.71	744/4.77
总计	37003/173.43	27843/145.87	25608/164.02

我们再运用 Chi-square and Log Likelihood Calculator 进行卡方检验，发现4个词类在日本、韩国留学生议论文中的卡方值为568.02，p 值约为0.00，小于0.01，差异非常显著；日本、欧美留学生的卡方值为56.56，p 值约为0.00，小于0.01，差异非常显著；韩国、欧美留学生的卡方值为217.17，p 值约为0.00，小于0.01，差异也非常显著。这说明，从使用这4个词类的角度来看，非正式度由高到低依次为：日本、欧美、韩国。

（二）10类非正式语体特征标记在日本、韩国、欧美留学生议论文中的频率

根据表6.39可知，10类非正式语体特征标记的频率由高到低依次为：日本、欧美、韩国。这与上面4个词类的频率排序完全一致。

表6.39　10类非正式语体特征标记在不同国家留学生议论文中的频率

大类	次数/频率（日）	次数/频率（韩）	次数/频率（欧美）
叹词	0/0.00	0/0.00	0/0.00
语气词	583/2.73	679/3.56	302/1.93
第一、二人称代词	5345/25.05	3190/16.71	3184/20.39
副词及相关结构	71/0.33	40/0.21	45/0.29
介词	1239/5.81	743/3.89	822/5.27
条件标记	118/0.55	84/0.44	75/0.48
句式	810/3.80	748/3.92	491/3.15
儿化	11/0.05	2/0.01	11/0.07
口语格式	97/0.46	65/0.34	46/0.30
惯用语	4/0.02	1/0.01	0/0.00
总计	8278/38.80	5552/29.09	4976/31.87

我们再运用 Chi-square and Log Likelihood Calculator 进行卡方检验，发现 10 类非正式语体特征标记在日本、韩国留学生议论文中的卡方值为 412.74，p 值约为 0.00，小于 0.01，差异非常显著；日本、欧美留学生的卡方值为 205.79，p 值约为 0.00，小于 0.01，差异非常显著；韩国、欧美留学生的卡方值为 22.57，p 值约为 0.00，小于 0.01，差异也非常显著。这说明，从 10 类非正式语体特征标记来看，非正式度由高到低依次为：日本、欧美、韩国。

6.4.3 正式语体特征标记对比

根据表 6.40 可知，11 类正式语体特征标记的频率由高到低依次为：欧美、日本、韩国。

表 6.40 11 类正式语体特征标记在不同国家留学生议论文中的频率

大类	次数/频率（日）	次数/频率（韩）	次数/频率（欧美）
名词类 （N 的 V、名动词）	3316/15.54	3304/17.31	2855/18.29
副词及相关结构 （并不、并没、共）	130/0.61	85/0.45	136/0.87
连词 [(V)和(V)、与]	132/0.62	133/0.70	363/2.33
动词(令)	23/0.11	10/0.05	76/0.49
介词(因)	43/0.20	205/1.07	71/0.46
代词(其)	52/0.24	42/0.22	79/0.51
话语标记	39/0.18	23/0.12	17/0.11
句式	1/0.01	1/0.01	2/0.01
文言结构	652/3.06	926/4.85	951/6.09
成语	337/1.58	189/0.99	426/2.73
合偶词	8506/39.87	3053/15.99	5260/33.69
总计	13231/62.01	7971/41.76	10236/65.56

我们再运用 Chi-square and Log Likelihood Calculator 进行卡方检验,发现 11 类正式语体特征标记在日本、韩国留学生议论文中的卡方值为 831.08,p 值约为 0.00,小于 0.01,差异非常显著;日本、欧美留学生的卡方值为 19.07,p 值约为 0.00,小于 0.01,差异非常显著;韩国、欧美留学生的卡方值为 978.38,p 值约为 0.00,小于 0.01,差异也非常显著。这说明,从 11 类正式语体特征标记来看,正式度由高到低依次为:欧美、日本、韩国。

6.4.4 分析与讨论

我们从三个方面进行比较,基本项目的排序(即正式度的高低排序)为:

欧美＞日本＞韩国

非正式语体特征标记频率的排序(即非正式度的高低排序)为:

日本＞欧美＞韩国

正式语体特征标记频率的排序(即正式度的高低排序)为:

欧美＞日本＞韩国

基本项目和正式语体特征标记的排序惊人地一致,互相印证,这说明在语体正式度上,欧美留学生议论文最高,其次为日本留学生,最后为韩国留学生。但是在非正式语体特征标记方面,日本留学生议论文表现得更非正式一些,欧美留学生次之,韩国留学生反而非正式度最低。这种在正式、非正式上的矛盾和不匹配现象,可能正反映了语体习得的困难。

如果我们根据正式度的高低分别进行赋值,正式度最高的为 3 分,居中的 2 分,最低的 1 分;非正式度最高的为 1 分,居中的 2 分,最低的 3 分。对三个排序都进行计算后顺序如下:

欧美(8)＞日本(5)＝韩国(5)

这一结论说明,欧美留学生的正式度最高,日本留学生、韩国留学生的正式度相同,但均低于欧美留学生。当然,这一结论只是推测,尚待进一步验证。

6.5 本章小结

对外国留学生语体习得情况进行分国别的研究,有助于语体习得研究的细化和深化,更有助于语体教学实践。

张春玲(2008)通过对越南学生45.8万字作文语料的分析发现,汉语水平已经达到中高级阶段的越南学生在语体的使用方面存在着比较大的问题。本研究也发现,无论是日本、韩国还是欧美留学生,与汉语母语者相比,语体能力都存在不足。

日本留学生由于母语中有汉字,在阅读、写作上有优势,一般可能会认为其书面语会比较正式一些,口语化倾向会低一些。可是,对在线语料和自建语料的研究均发现,日本留学生不像预期的一样在书面语体习得上有优势。和韩国、欧美留学生相比,日本留学生书面语的正式度并不高。

韩国一直是来华留学生人数最多的国家之一,对韩国留学生的汉语习得研究一直是热点,但是对韩国留学生语体习得的研究很少。本研究发现,韩国留学生与汉语母语者相比,书面语中存在口语化倾向有余、典雅度不足的问题。韩国留学生仅在平均词长这一项上与汉语母语者相近,在其他项目上均不如汉语母语者,说明针对韩国留学生的语体教学有待加强。这一研究也和崔瑞仁(2020)结论相似,她以北京大学韩国预科学生的作文语料和中国中考作文、高考作文语料进行对比,考察韩国汉语学习者是否存在书面语口语化倾向。口语化程度检测以第一/第二人称代词、语气词、介词和70个口语格式为参数,书面语程度检测以成语和含"于、以、之、者、而"字结构的153个书面语格式为参数。该文发现韩国初、中、高级学生书面语中普遍存在口语化现象,较多使用口语表征的词语和句式,较少使用成语以及书面语格式。尤其是书面语格式使用上,韩国留学生普遍显示少用或不用,掌握程度也不高,使用"于"字结构和"而"结构时出现大量偏误。孙行可(2017)通过200篇作文考察中级阶段韩国留学生的语体偏误,发现"类型多集中于词汇和句子方面,词汇语体偏误主要包括词汇的生造、口语词的滥用以及韵律搭配不当,句子语体偏误主要是在过度依赖短句、滥用口语表达、误用口语语块等方面;语篇的语体偏误相对较少,主要是语篇结构上不分段,内容上缺乏衔接和连贯"。本研究证实韩国留学生书面语体习得存在不足,具体体现在部分非正式语体特征标记和正式语体特征标记上,可以据此进行有针对性的语体能力训练。

  欧美留学生给教师的印象一般是善于交际,书面写作方面不如口语。因此我们预期欧美留学生的口语化倾向应该最高,典雅度应该最低。可是研究结论却与我们的预期完全相反。总体上,欧美留学生书面语的正式度比韩国、日本留学生都要高。这可能与参加 HSK 的欧美留学生数量少,其中又有一些华裔有关,具体原因有待进一步研究。当然,欧美留学生书面语的正式度低于汉语母语者,这是毋庸置疑的。这一研究结论也与莫丹(2016)的研究一致。

第七章

留学生文言结构习得研究

前文研究发现外国留学生汉语书面语存在典雅度不足的问题。本章重点关注体现典雅度特点的"文言结构"在留学生汉语书面语中的具体使用情况。我们将使用在线 HSK 动态作文语料库和自建学术汉语语料库,初步探讨留学生习得文言结构的特点。①

7.1 留学生"以 A 为 B"文言构式习得研究

现代汉语"以 A 为 B"结构,有学者将之归入古句式(冯胜利 2006b),有学者称之为文言语法成分(孙德金 2010c)、文言结构(汲传波 2016)。若从构式角度来看,也可以称之为文言构式。当然,文言构式也是一种文言结构。近些年语体语法成为研究热点,汉语第二语言教学界开始关注学术汉语研究,"以 A 为 B"等文言构式的研究价值进一步凸显。

学界对该文言构式的研究成果不多,且主要集中于本体研究领域。代表性成果,如孙德金(2005、2010b、2010c、2012a)对该构式进行了深入且系统的研究。孙德金(2010b)认为"以 A 为 B"结构是现代汉语中很常用的句法结构形式,该结构是从文言语法

---

① 本章主要内容以汲传波(2016)和汲传波(2019)为基础修改、补充而成。

中沿用至现代汉语书面语语法中的一种具有不可替代价值的句法结构形式。孙德金(2010b)指出,"以 A 为 B"的核心意义是"认定",由此引申出变化义、比较义、等同义;"A"可以是单个词,也可以是复杂结构,"B"一般是简单的词和短语;该构式同一般的动词性结构相似,在句子中可以充当谓语、定语、宾语、同位语,也可以独立成句。这些本体的研究成果为汉语二语习得研究奠定了非常好的基础。还有一些学者也对该构式进行了探讨,如罗主宾(2011)研究了现代汉语"以 A 为 B"句对 A、B 的选择和规约问题,王停(2016)选取现代汉语"以 A 为首"进行了多角度考察。

另外,有学者从对外汉语教学视角研究该构式,比如林秀琴(2000)从对外汉语教学的视角辨析了"以……为"与"把……当作/作为"的异同;冯胜利(2006b)列举了一些在汉语教学中应该重视的古句式,其中就包含"以 A 为 B";汲传波(2016)通过对比中国学者和韩国高级水平汉语学习者的学术论文语料,发现中国学者比韩国学习者更多地使用"以 A 为 B"构式。

已有的汉语教学大纲大多没有对"以 A 为 B"给予充分重视,比如《国际汉语教学通用课程大纲》中没有"以 A 为 B"构式;《汉语水平等级标准与语法等级大纲》只在乙级大纲的固定格式中出现了"以 A 为中心",其他构式未出现。再比如,《中高级对外汉语教学等级大纲(词汇·语法)》在中级教学语法基本纲的固定格式中出现了"以 A 为 B",在高级教学语法基本纲的固定格式中出现了"以 A 为首""以 A 为主"。我们认为这一安排顺序有些欠妥,高级阶段的两个构式其实是包含于中级阶段的"以 A 为 B"构式中的;另外,该大纲尚未对该构式的语体使用特点予以重视,将其等同于一般的汉语固定格式。

综上可知,虽然汲传波(2016)涉及了外国留学生习得"以 A 为 B"构式的情况,但是只考察了韩国留学生,语料也只限于学术论文语料,并且对该构式的研究只是其文章的一小部分。除此之外,学界目前未见到深入研究外国留学生习得此类构式的成果,因此值得继续深入研究。本研究拟通过对 HSK 动态作文语料库进行穷尽考察,在了解外国留学生正确习得"以 A 为 B"构式的基础上,重点分析习得偏误的具体情况。

7.1.1 外国留学生习得"以 A 为 B"文言构式的总体情况

HSK 动态作文语料库 424 万字语料中共检索到 256 个"以 A 为 B"构式,频率为 60.4(每百万字)。孙德金(2005)曾对该构式在现代汉语研究语料库中进行检索,共发现 461 个,如果换算为频率为 230.5(每百万字)。通过对比可以发现,汉语母语者使用"以 A 为 B"构式的频率是外国留学生的近 4 倍,外国留学生使用频率偏低。这一结果表明,外国留学生存在少用该类文言构式的倾向,主要原因可能在于该类文言构式作为正式语体的典型特征之一,输入不足或者习得困难。这也表明外国留学生的书面正式语体能力存在不足。

根据学界已有成果(孙德金 2005;罗主宾 2011)可知,该文言构式的 A 段词语非常分散,B 段则往往相对集中。孙德金(2005)通过对现代汉语研究语料库检索发现,B 段如果是黏着语素,多集中在"主、例、重、首"。罗主宾(2011)对论文标题、《毛泽东选集》、十年的政府工作报告进行检索,发现 B 段分别主要集中在如下词语上:视角、指导、导向、个案、首、代表、中心、基础,重点、指导、核心、主。我们在 BCC 科技文体语料中进行检索,取"以 A 为 B"100 次以上的所有格式进行合并统计,计算出 B 出现次数前十位的词语有:中心、主体、基础、核心、目的、单位、纽带、纲、例、代表。综合这些本体研究结果,可知"以 A 为 B"构式中的 B 段在不同类型的语料中出现情况差异很大,但也有一些共核的成分。

检索 HSK 动态作文语料库可发现,B 段所用词语有的与母语使用者的高频用词重合,有的则有差异,出现 4 次以上的列举如下:例(25 次)、榜样(24 次)、中心(19 次)、基础(11 次)、前提(11 次)、主(11 次)、荣(10 次)、本(5 次)、第一(5 次)、借口(5 次)、目的(4 次)、天(4 次)。外国留学生使用"以 A 为 B"文言构式呈现出自己的特点,比如对"榜样、荣、第一、借口"的使用频率较高。

外国留学生习得该构式的正确与偏误情况之比为 172∶84,偏误率为 32.81%,接近三分之一。由此可见,该构式的习得难度不低,值得深入研究。下面我们从正确习得与习得偏误两个方面进行分析。

7.1.2 "以 A 为 B"文言构式的正确习得情况

留学生习得"以 A 为 B"文言构式正确的句子在 424 万字的 HSK 语料中共出现 172 次。我们把 B 分为黏着语素和词汇形式,其中 B 为黏着语素的共 62 句,B 为词汇形式(包括短语)的为 110 句。B 为黏着语素的具体用例如表 7.1 所示。

表 7.1 "以 A 为 B"构式中 B 为黏着语素的具体分布

B	例	主	荣	本	天	重	贵	鉴
频次	21	9	7	4	4	3	2	2
B	乐	业	傲	家	生	师	最	尊
频次	2	2	1	1	1	1	1	1

B 为词汇形式的具体用例比较复杂,用了 48 个不同形式的词,多数在"以 A 为 B"构式中出现一次。习得正确较多的如"榜样(23 次)、中心(12 次)、基础(9 次)、前提(6 次)、借口/目的(4 次)、本位/理由/目标/手段/语言/宗旨(2 次)",其他的词语如"背景、标志、标准、成功、代表、第一、根本、核心单位"等只用了 1 次。

"以 A 为榜样",共有 24 个句子,其中有 23 个正确句子,占所有正确习得句的 13.37%。其中 A 为:自己、父母、父亲、母亲、自己的行为、他、她、他们。

习得正确 4 次以上的用例,共有 103 句,约占所有正确句的 59.88%,分布比较集中。这些构式共有 11 个:以 A 为例,以 A 为主,以 A 为荣,以 A 为本,以 A 为天,以 A 为榜样,以 A 为中心,以 A 为基础,以 A 为前提,以 A 为借口,以 A 为目的。

习得正确的例句如:

(1)我是泰国人,就以泰国为例。(泰国)

(2)本人知道贵公司以日本旅客为主,因此本人认为自己能胜任当贵公司的导游。(新加坡)

(3)我以你为荣,做一个堂堂……(新加坡)

(4)现今的年轻人都以自己的父母为榜样,如果身为市民的我们都以身作则,把吸烟的坏习惯铲除。(马来西亚)

(5)我觉得这个小故事批评了现代人们的以自我为中心和利己主义。(韩国)

(6)总的来说,最好的结交方式应以了解为基础,一切以平常心对待。(新加坡)

7.1.3 "以 A 为 B"文言构式的习得偏误情况

"以 A 为 B"文言构式的习得偏误情况比较复杂,我们将之分为 5 类进行深入考察:"以"的偏误、A 的偏误、"为"的偏误、B 的偏误、综合偏误。各类偏误占所有偏误的具体比例见表 7.2。

表 7.2 外国留学生习得"以 A 为 B"的偏误类型及比例

偏误类型	"以"的偏误	A 的偏误	"为"的偏误	B 的偏误	综合偏误	总计
频次	20	9	14	19	22	84
百分比	23.81%	10.71%	16.67%	22.62%	26.19%	100%

(一)"以"的偏误

"以"的偏误共有 20 例,占所有偏误句的 23.81%,居于第二位。主要包括两类:应该用"以"却用了其他词、缺少"以"。

第一类,应该用"以"却用了其他词,这类偏误共有 12 例,如:

(7)＊每个人都为自己的利益为出发点。(新加坡)

(8)＊最近我们为了我们的身体健康用绿色食品为食。(韩国)

(9)＊我们应当维护遵守别人的利益和对健康为第一。(韩国)

(10)＊用我的大哥为例,他在初中时期是个甲等优异生,不论成绩或是课外活动方面都无与伦比。[①](美国)

例(7)至例(10)偏误句中的"为、用、对"都需要改为"以",形成完整的

---

① 原文为繁体,为使行文一致,此处改为简体。下文例(26)、例(35)亦同。

"以 A 为 B"结构。

第二类,缺少"以",共有 8 例,如:

(11)＊但是这个新技术要不危害人的身体建康为前堤。(韩国)

(12)＊但我仍坚持平淡生活,努力学习为座右铭,母亲归功不少。(新加坡)

例(11)不考虑学习者的汉字书写偏误,加上"以"就正确了,例(12)也需要加上"以"。

(二) A 的偏误

"以 A 为 B"构式中 A 的偏误共有 9 例,占所有偏误句的 10.71%,居于第五位,是所有偏误类别中最少的,如:

(13)＊否则,以这样方法为借口的罪犯可能会增加的。(日本)

(14)＊因此,我们应该以有吃的东西的状态为前提。(日本)

(15)＊素仰贵公司大名及服装界的成就,当能以加入成贵公司一份子为荣。(马来西亚)

例(13)需要改为"以这类/种方法为借口",例(14)需要改为"以有吃的东西为前提",例(15)需要改为"以成为贵公司的一分子为荣"。

(三)"为"的偏误

"为"的偏误共有 14 例,占所有偏误句的 16.67%,居于第四位。具体的情况可以分为四个小类:"为"用错(9 例)、"为"多余(2 例)、该用"为"却用了其他词(2 例)、缺少"为"(1 例)。

第一类,"为"用错,如:

(16)＊所以生活的节奏以公共汽车的时间为定。(韩国)

(17)＊如果有的话,我们俩以对话为解决。(韩国)

(18)＊我父母说,以养动物为学会爱有生命的。(日本)

(19)＊如果他以我的话为对他的批评,他肯定不高兴。(日本)

例(16)至例(18)都可以把"为"改为"来",不用"以 A 为 B"构式,例(19)可以把"为"改为"作为"。

第二类,"为"多余,可以通过删除而使句子正确,如:

(20) * 这一所女子中学以什么为出名呢?(日本)

(21) * 我认为每个人应该以自己的办法为解决问题。(日本)

第三类,该用"为"却用了其他词,如:

(22) * 又以我以例子。(新加坡)

(23) * 在吃绿色食品和不挨饿中。我觉得应该以不挨饿当先。

(韩国)

第四类,缺少"为",如:

(24) * 从而以自我中心的心态看待父母。(韩国)

(四)B 的偏误

"以 A 为 B"中 B 的偏误共有 19 例,占 22.62%,居于所有偏误类型的第三位。多数是 B 用错,个别句是缺少 B,如:

(25) * 孩子就以他们的坏事为模仿做跟他们做的那样一样的坏事。(日本)

(26) * 以公平和理由为先题。(澳大利亚)

(27) * 尤其中华民族,自古以来有"大家庭"的观念,并以大家庭能和睦相处为荣誉。(印度尼西亚)

(28) * 现在应当以学习为中。(菲律宾)

(29) * 我认为孩子以父母为决定怎样成大。(日本)

例(25)至例(28)的"以 A 为 B"中的 B 都不合适,可以分别改为"榜样""前提""荣""中心",例(29)中的 B 缺少,可以补充"榜样"。

(五)综合偏误

综合偏误是指"以 A 为 B"构式偏误的部分多于两处,不便归纳到某一个方面。这类偏误因错误不止一处,因此比前四类更复杂一些,共计 22 例,居所有偏误种类的第一位,约占 26.19%。其中又可以分为两个小类:不该用"以 A 为 B"构式而使用(15 例)、该用"以 A 为 B"构式却误用或没有使用(7 例)。

第一类,不该用"以 A 为 B"构式而使用,如:

(30)＊对吸烟者来说,以吸烟为能保持自己的心情稳定,而可以提高自己的力量。(日本)

(31)＊父母只以自己的思想或标准为中判断子女的感受。

(韩国)

(32)＊因此这更多的增加以间接吸烟为得腓癌的发病人数。

(韩国)

(33)＊那个男性是"变质者",以执行暴行为接近了她。(日本)

(34)＊因此,某市政府在公共场所以规定为禁烟。(韩国)

学习者没有真正掌握"以 A 为 B"构式而误用,例(30)、例(31)可以改为"以 A 来 B"结构,例(32)可以改为"因 A 而 B"结构,例(33)可以改为"以 A 而 B"结构,例(34)可以删除"以"和"为"。

第二类,该用"以 A 为 B"构式却误用或没有使用,如:

(35)＊我们都为他高兴,为他以荣。(新加坡)

(36)＊这个故事表示自己中心的思想的后果。(日本)

例(35)该用"以 A 为 B"却用成了"为 A 以 B",例(36)使用"以 A 为 B"构式会更好一些。

7.2 基于学术汉语语料库的韩国学生文言结构习得研究[①]

语体长期以来是汉语作为第二语言教学的薄弱环节,也是外国留学生汉语学习中的难点或瓶颈问题。要有效提高汉语教学质量,培养高水平汉语学习者,语体问题不可回避。语体在汉语作为第二语言教学中的重要作用,很多学者都曾论及(丁金国 1997;李泉 2003b、2004;赵金铭

---

① 本研究在汲传波(2016)计算的频率基础上,又进行了差异检验,使结论更为科学。

2004;陆俭明 2007),此处不再赘述。近些年汉语作为第二语言教学界就留学生语体习得展开了实证研究,取得了一些具体成果。有的利用中介语语料,研究留学生书面语中的口语化倾向,如韩莹(2008)、汲传波、刘芳芳(2015);有的则运用语体量化分析法对教材的语体分布情况进行考察,如张莹(2005)、黄婧(2014)等;还有的运用测试和调查,了解留学生的语体能力,如周芸、张永芹、张婧(2011),周芸、张婧、张永芹(2011),王桢(2012),刘婕(2012)。值得一提的是,有研究开始关注高级水平留学生的学术论文语体现象(主贵芝 2014),该文虽分析不太深入,却是目前所能检索到的为数不多的就留学生与中国学者学术论文语料进行对比分析的研究。

综上所述,目前学界关注的重点是留学生在日常的记叙文或议论文写作中的语体能力,极少涉及高级水平留学生学术论文中的语体使用问题。指导过外国留学生研究生的教师都有同感,留学生在撰写论文时,语言问题常常是首要问题,并且很多语言问题都表现为语体问题。如何解决高级水平留学生学术论文中的语体问题,学界缺少相关研究。

7.2.1 研究基础及研究方法

(一)研究基础

研究学术论文中的语体使用问题,首先需要厘清通用汉语、专门用途汉语、学术汉语等几个概念。参考蔡基刚(2014)关于学术英语,高增霞、刘福英(2016)关于学术汉语的论述,我们认为按照使用场合,汉语可简单二分为通用汉语和专门用途汉语。通用汉语是指日常生活、工作中使用的汉语;专门用途汉语指与某种特定职业、学科、目的相关的汉语。学术汉语属于专门用途汉语,主要指从事专业学习和学术研究所使用的汉语。外国留学生本科、硕士、博士的论文写作,涉及学术汉语能力问题,尤其是语体能力问题。

从何处着手提高外国留学生的学术汉语能力,学界关于现代汉语中的文言语法成分、古汉语/古句式的相关研究值得借鉴。孙德金(2010c)认为"现代书面汉语和文言之间有着十分密切的联系,一定意义上说,文言语法成分是构成现代书面汉语特定语体特征的主要语体标记成分",他比较了"其""之(助)""以(介)"在政论、科学、公文、文艺语体中的使用差异,发现"'其'在公文体中有强势表现,总数最多,类的分布也最广,但在小说中使用很少;'之'和'以'在科学语体中都有强势表现,总数最多,各类都有分布"。冯胜利(2015)认为"语体不仅有'正式格',而且有'庄典格(庄重典雅体)'",认为汉语书面语中的古汉语"也是为了满足和发展庄典体的需要才应运而生的"。由于学术论文属于科学语体,比一般的书面语更为正式,以上两位学者的研究可推导出这样一个结论:学术论文中存在一定数量的文言语法成分或古汉语,这些文言语法成分或古汉语是构成学术论文语体特征的重要标志之一。

冯胜利(2006b)列举了现代汉语书面语中使用的古句式,每一句式都与白话相应的格式进行比较。我们可以借鉴这些成果,考察外国学生学术论文中古句式的使用情况,以此判定外国学生的学术语体能力。

本研究将以冯胜利(2006b)所列古句式为基础进行考察,拟采用"文言结构"这一概念以避免歧义。"文言结构"指的是以文言成分构成的词、词组、句式等结构。

(二)研究方法

要考察留学生文言结构的使用情况,不与汉语母语者的语料进行比较,很难发现特点。考虑到母语背景对使用文言结构可能会有影响,研究时需要分国别进行。由于来华留学生中,韩国学生的数量较多,比较容易收集语料,因此本研究确定先从韩国学生开始研究。我们采取与主贵芝(2014)不同的研究视角,比较文言结构在韩国学生和中国学者学术论文中的使用情况,发现异同、分析原因。

考虑到外国学生学术论文终稿已经被汉语母语者修改,几乎看不出学生个人的语言能力,本研究所采用的韩国学生学术论文语料是其论文初稿,基本上未经汉语母语者修改,语料总规模约30万字,主要研究内容涉及商务汉语教学、教材研究、教学语法研究等。这些语料来自韩国梨花女子大学和中国北京大学、北京外国语大学的汉语国际教育专业韩国硕士研究生所撰写的课程论文和毕业论文。为了与韩国学生进行比较,我们从汉语教学研究的重要期刊《语言教学与研究》《世界汉语教学》《汉语学习》《语言文字应用》《华文教学与研究》选取类似研究内容的论文作为对比语料。在优先选取本领域内知名学者论文的前提下,尽量保证写作风格的多样性,每位作者的论文不超过 2 篇,语料总规模约 30 万字。这两个语料库规模大小相当,便于比较。

第三章我们在冯胜利(2006b)基础上确定了 107 条文言结构,其中由于"于""者"两类结构涉及非常多的词或词组(见表 7.3、表 7.4),我们一并进行考察,最终所分析的"于"字结构所包括的词语、句式共 54 条,"者"字结构共 93 条。因此,本研究所考察的"于""者"字结构比冯胜利(2006b)要多 87 条。

我们使用 BCC 语料库检索工具对 5 类结构逐一在两个语料库中进行检索,得到使用总次数,然后根据各语料库的规模,计算出各结构的标准化频率(每万字)①。

7.2.2 研究结果

(一)"于"字结构

以冯胜利(2006b)文言结构中涉及的"于"字结构为基础,本研究收集"于"字结构 54 个。其中在中国学者论文语料库和韩国学生论文语料库中出现频率为 0 的有 22 个:出入于……之间、从属于、得自于、得力于、发轫于、工于、归 A 于 B、跻……于、见托于、见之于、将……混同于、将……归之于、泥于、切于、取信于、甚于、系于、宜于、异于、有进于……者、"最……者,莫过于"、"V_1 之于 NP_1,V_2 之于 NP_2"。其他 32 个"于"字结构在两个语料库中的使用情况见表 7.3。

表 7.3 "于"字结构的频率比较

结构	用于	在于	有利于	基于	适用于	有助于	处于	便于	不同于
中	2.07	1.70	1.10	0.97	0.90	0.70	0.67	0.63	0.60
韩	0.80	0.63	0.50	0.27	0.27	0.87	0.73	0.57	0.07

---

① 本节表格中,文言结构的频率计算公式为"出现总次数/总字数(万字)"。

续表

结构	限于	置于	不利于	源于	重于	易于	囿于	有待于	鉴于
中	0.47	0.20	0.20	0.20	0.20	0.17	0.17	0.17	0.13
韩	0.10	0.03	0.03	0	0	0.10	0	0	0.03
结构	富于	出于	适于	急于	仅限于	决定于	难于	有赖于	次于
中	0.13	0.10	0.10	0.10	0.10	0.10	0.07	0.07	0.03
韩	0	0.07	0	0.03	0	0	0	0	0.03
结构	隶属于	起源于	置身于	偏于	有别于	总计			
中	0.03	0.03	0.03	0	0	12.13			
韩	0	0	0	0.03	0.03	5.23			

表 7.3 显示,32 个"于"字结构在中国学者论文中出现的频率为 12.13,在韩国学生的论文中出现的频率为 5.23,二者之比约为 2.32∶1。采用 Chi-square and Log Likelihood Calculator 计算出总体使用上二者的卡方值,约为 81.52,p 值约为 0.00,小于 0.01,差异非常显著。这说明中国学者比韩国学生明显多用"于"字结构。

韩国学生有 13 个"于"字结构(如"源于、重于、囿于"等)使用频率为 0,而中国学者仅有 2 个"于"字结构使用频率为 0。这说明,与汉语母语者相比,韩国学生在使用"于"字结构时存在少用的倾向。具体分析发现,在中国学者和韩国学生使用最多的 10 个"于"字结构中,除了有 1 个不同之外,其他的 9 个结构完全相同,仅在具体的使用频次和排序上有差异。这 9 个结构为:用于、在于、有利于、基于、适用于、有助于、处于、便于、限于。这一发现非常有意思,可能说明两个问题:其一,这 9 个"于"字结构相对于其他 45 个"于"字结构,被更多地用于语言教学类学术论文中;其二,韩国学生虽然对"于"字结构存在少用倾向,但是典型、核心的"于"字结构基本掌握,具有了书面正式语体的意识。

这 32 个"于"字结构中,收入《现代汉语词典》(第 7 版)的有 12 个:在于、基于、处于、便于、限于、易于、鉴于、富于、出于、适于、急于、难于。其中前 5 个在中国学者、韩国学生的学术论文中使用较多,而后 7 个相对较少。在22个使用次数为0的"于"字结构中,有1个被词典收录("工于"),其他都未收入。另外查询"于"字结构在《国际中文教育中文水平等级标准》中的收录情况,发现有以下13个被收录:用于、在于、有利于、基于、有助于、处于、便于、限于、不利于、源于、鉴于、出于、急于。因此,韩国学生语言教学类学术论文语料中"于"字结构使用的多少与这些结构是否作为词语收入词典或《国际中文教育中文水平等级标准》关系并不大。

另外22个"于"字结构在语言教学类学术论文中没有出现,可见在语言教学论文中罕用这些"于"字结构。卢芸蓉、朱军(2014)曾统计了30个"于"字格式在学术体、说明(书)体、文艺体、法规体、新闻体5种语体中的使用情况,也发现一些格式(如"出入于、得自于、发轫于、见托于、切于、系于、工于、泥于、偏于、混同于")在5种语体里都没有出现用例。因此,这些在现代汉语书面正式语体中都少用或罕用的格式是否要纳入汉语作为第二语言教学的范畴需要重新思考。

(二)"者"字结构

"者"能产性非常强,本研究在冯胜利(2006b)基础上,对中国学者和韩国学生论文语料进行穷尽式考察,共收集101个。排除《汉语水平词汇与汉字等级大纲》中所列甲级、乙级词4个:读者、或者、记者、作者。排除生造词4个:可以者、目语者、调协者、学生者。因此,本研究考察的"者"字结构共计93个(见表7.4)。其中在两个语料库中出现次数为0的有7个:"凡……者,多"、"……如……者"、"A之B者,……即是/皆是"、"NP₁云者,即NP₂"、"……者有之,……者有之"、"……者首属/首推"、"最……者,莫过于"。为了使表格简洁、清晰,表中出现次数相同的词语多于3个时,以注释形式呈现。

表7.4 "者"字结构的频率比较

结构	学习者	编写者	编者	学者	经历者	笔者	二者	后者
中	10.83	1.73	1.33	1.27	1.13	0.97	0.93	0.87
韩	19.07	0.37	0.40	1.50	0.03	2.10	0.10	0

续表

结构	研究者	前者	两者	应试者	母语者	设计者	使用者	初学者
中	0.73	0.67	0.43	0.43	0.30	0.20	0.20	0.17
韩	0.70	0.03	0.50	0.07	0.03	0.13	0.03	0.43
结构	工作者	说话者	汉语者	教育者	交际者	致使者	自学者	编著者①
中	0.17	0.10	0.07	0.07	0.07	0.07	0.07	0.03
韩	0	0	0.03	0.03	0	0	0	0
结构	组织者	爱好者	帮助者	辩论者	参与者	持有者	出国者	出境者
中	0.03	0	0	0	0	0	0	0
韩	0.17	0.37	0.23	0.17	0.13	0.13	0.10	0.10
结构	初级者	处置者②	合作者③	总计				
中	0	0	0	23.60				
韩	0.10	0.07	0.03	28.33				

表 7.4 显示，中国学者使用"者"字结构的频率为 23.60，韩国学生使用的频率为 28.33，二者之比约为 0.83∶1。采用 Chi-square and Log Likelihood Calculator 计算出总体使用上二者的卡方值，约为 12.79，p 值约为 0.00，小于 0.01，差异非常显著。这说明，相较而言，中国学者使用"者"字结构的频率比韩国学生低。

中国学者使用"者"字结构前十位的分别为：学习者、编写者、编者、学者、经历者、笔者、二者、后者、研究者、前者。这 10 个"者"字结构的频率约为所调查 93 个"者"字结构的 86.72%。韩国学生使用"者"字结构前十位的分别为：学习者、笔者、学者、研究者、两者、初学者、编者、编写者、

---

① 编写教材者、编纂者、观察者、话语者、教学者、竞争者、论述者、旁观者、批评者、情有独钟者、"仁者见仁，智者见智"、施教者、体现者、听话者、吸毒者、消费者、学习主体者、与会者、语言学者、支持者、直接体现者、主导者。
② 传递者、传授者、促进者、发出者、分析者、灌输者。
③ 建构主义者、接受者、考试者、来访者、评估者、强者、施事者、实践者、探索者、调查者、听者、先行者、协调者、需求者、引导者、引进动作者、应聘者、优秀者、执行者、志愿者、中介者、建构者、示范者。

爱好者、帮助者。这10个"者"字结构的频率约为所调查93个"者"字结构的90.59%。由此可知,虽然"者"能产性高,但是在语言教学类学术论文中"者"字结构的高频词比较集中。对93个结构在《现代汉语词典》(第7版)中进行检索,发现仅有以下6个被收录:编者、学者、笔者、后者、志愿者、"仁者见仁,智者见智"。另外,这93个"者"字结构中仅有4个收入《国际中文教育中文水平等级标准》:学者、志愿者、后者、前者。因此,与前文对"于"字结构的研究发现相似,韩国学生语言教学类学术论文语料中"者"字结构使用的多少与这些结构是否作为词语收入词典或《国际中文教育中文水平等级标准》关系并不大。

进一步比较发现,在使用频率前十位的结构中,中国学者和韩国学生使用相同的有6个:学习者、编写者、编者、学者、笔者、研究者。其中前三个是语言教学类论文的常用专业名词,后三个是学术论文常用的专业名词。另外有4个词在中国学者的论文中出现较多,而韩国学生使用较少:前者、两者、二者、后者。这4个词中国学者使用频率占所有93个"者"字结构的12.29%,韩国学生使用频率仅占所有93个"者"字结构的2.24%,相差近6倍。这4个词只有"后者"收入《现代汉语词典》(第7版)。这一结果说明,虽然总体上看,韩国学生使用"者"字结构比中国学者多,但是大都集中在专业名词上,而在其他一些非专业名词的使用比例上明显少于中国学者,存在使用过少的倾向。比如,中国学者与韩国学生使用"二者、前者、后者"三个词的频率相差非常大,约为19∶1。

我们考察韩国学生对专业名词的使用用例时发现存在一定的过度泛化倾向。比如对于"学习者"这一专业名词的使用:

(37)有一本好教材的话,教授者和学习者什么也不用担心。

(38)教材是决定教师和学习者课堂活动的重要构成要素。

(39)可见学生对外语的掌握是通过大量练习得来的。可是我们知道《高中中国语Ⅰ》这本教材的练习试题都是十分单调的,没有特别的试题。这样的话,肯定不能抓住学习者的兴趣。

例(37)中"学习者"的使用和"教授者"相对应,使用得当。但例(38)

和例(39)两句用"学生"应该更合适。例(38)中的"教师"和"学生"对应,例(39)中前面用"学生",后面突然改换成"学习者",虽然意思相同,但是前后不一致。这些例句说明,韩国学生在使用"学习者"时存在一定的泛化现象。

另外,我们发现韩国学生使用的"者"字结构中有39个在中国学者的论文中一次也未出现,比如"爱好者、帮助者、辩论者、中介者、出国者"等,以及前文没有列入统计的韩国学生明显用错的4个"者"字结构:可以者、目语者、调协者、学生者。这些现象都说明,除了论文内容的特殊需要之外,韩国学生对"者"字结构的使用存在一定程度的泛化现象。

(三)"之"字结构

以冯胜利(2006b)文言结构中涉及的"之"字结构为基础,本研究收集"之"字结构24个,两个语料库检索出现次数为0的有17个:出入于A(与)B之间、凡……之所由、此……盖……之故、见之于、名之为、开NP之先河、无不能……之理、许之为、一V……之、因……之便、有……与……之分/别、喻之、在……之际已然、早在……之时/际、值VP之时、将……归之于、"V_1之于NP_1,V_2之于NP_2"。其他7个"之"字结构使用情况如表7.5所示。

表7.5 "之"字结构的频率比较

结构	N之Adj.	使之	称之为	呈……之势
中	0.37	0.30	0.17	0.03
韩	0	0	0.10	0
结构	继……之后	集……之大成	是……魅力之所在	总计
中	0.03	0.03	0.03	0.97
韩	0	0	0	0.1

表7.5显示,中国学者"之"字结构使用频率为0.97,韩国学生使用频率为0.10,两者相差近10倍。采用Chi-square and Log Likelihood Calculator计算出总体使用上二者的卡方值,约为19.53,p值约为0.00,小于0.01,差异非常显著。这说明,中国学者比韩国学生明显多用"之"字结构。

中国学者用的较多的是"N 之 Adj.、使之、称之为",韩国学生仅用了"称之为",其他都没有使用。这一结果说明,与中国学者相比,韩国学生倾向于少用或不用"之"字结构。

与前文讨论的"于""者"字结构相比,"之"字结构的使用频率要低很多。这一结果也说明,和"于""者"字结构相比,"之"字结构在语言教学类学术论文中使用较少。

(四)"而"字结构

根据冯胜利(2006b),本研究收集"而"字结构 13 个,两个语料库检索出现次数为 0 的有 6 个:VP 而 VP、舍 VP 而 V、"所谓 NP_1,皆指 NP_2 而言"、无从 V 而 VP、以其为……而遂、有所 V_1 而 V_2。本研究比较的"而"字结构共 7 个(见表 7.6),其中中国学者使用频率为 1.2,韩国学生使用频率为 0.27,频率之比为 4.44∶1。采用 Chi-square and Log Likelihood Calculator 计算出总体使用上二者的卡方值,约为 16.57,p 值约为 0.00,小于 0.01,差异非常显著。可见,韩国学生比中国学者明显少用"而"字结构。

表 7.6 "而"字结构的频率比较

结构	就……而言/论	为 NP 而 V	由……而成	由……而
中	0.50	0.27	0.17	0.10
韩	0.13	0.03	0	0.03
结构	不得而 V	A 而 B	未 VP_1 而 VP_2	总计
中	0.07	0.07	0.03	1.20
韩	0	0.07	0	0.27

中国学者使用最多的"而"字结构为"就……而言/论",约占所统计"而"字结构的 41.67%。韩国学生使用最多的也是这一结构,约占所统计"而"字结构的 50%。

与前文研究相比,"而"字结构的总体使用频率与"于""者"字结构相比差距很大,与"之"字结构有些类似,使用频率不高。

(五)"以"字结构

根据冯胜利(2006b),本研究收集"以"字结构16个,两个语料库检索出现次数为0的有10个:以……称之、以……见、以……见胜/见长、借VO以VP、示人以、以("因为"义)、VO以V、以……为能、以……为多、以其为……而遂。其他6个"以"字结构在两个语料库中的使用情况如表7.7所示。采用Chi-square and Log Likelihood Calculator 计算出总体使用上二者的卡方值,约为11.88,p值约为0.00,小于0.01,差异非常显著。这说明总体上看,韩国学生比中国学者明显少用"以"字结构。

表7.7 "以"字结构的频率比较

结构	以A为B	以N_1VN_2	以期	以……为最/最为
中	10.83	0.70	0.13	0.10
韩	8.17	0.57	0.13	0.03
结构	借以	不以为然	总计	
中	0.03	0.03	11.83	
韩	0.03	0	8.93	

中国学者和韩国学生使用较多的结构均为"以 A 为 B"和"以 N_1VN_2"。中国学者使用这两个结构占所统计"以"字结构的97.46%,韩国学生占97.76%。与前文研究相比,"以"字结构虽然都是句法格式,但是总体使用频率比"之""而"字结构高很多。孙德金(2010b)认为"以 A 为 B"结构是现代汉语中一种很常用的句法结构形式,该结构是从文言语法中沿用至现代汉语书面语语法中的一种具有不可替代价值的句法结构形式。这一观点能够解释为什么"以"字结构的使用频率远远高于"而""之"字结构。

7.2.3 相关讨论

将5类文言结构进行综合分析,我们发现,总体上韩国学生比中国学者在学术论文中少用"于""之""而""以"字结构,多用"者"字结构。从每一大类结构所包含的具体结构来看,韩国学生仅过多使用少部分结构,过少使用大部分结构。韩国学生比中国学者多用结构共有 49 个,约占考察结构总数的 24%,并且大部分集中在"者"类专业名词上:有助于、处于、偏于、有别于、学习者、学者、笔者、两者、初学者、组织者、爱好者、帮助者、辩论者、参与者、持有者、出国者、出境者、初级者、处置者、合作者、传递者、建构主义者等。在"者"字结构这一大类中,韩国学生使用非专业名词的比例明显少于中国学者,存在使用过少的倾向。因此,韩国学生对文言结构使用过少与使用过度的倾向并存,尤其以使用过少为主要倾向。这从一个侧面说明韩国学生学术汉语语体能力存在不足。

虽然本研究的研究对象是韩国硕士研究生,但是这一结论与学界对本科留学生毕业论文中语体特征的研究成果有相似之处。比如主贵芝(2014)发现,留学生毕业论文不同于本族语者学术论文的语体特征,留学生毕业论文中的语体意识较模糊。本研究结论与英语作为第二语言教学界对学术词块的研究结果也有相似之处。比如徐昉(2012)通过比较中国学习者和国际学者在英语论文中使用学术词块的特点,发现在共同使用的词块中,中国学习者使用过度和使用过少的倾向并存,英语写作表达中学术文体的特点不够充分。由此看来,学术文体作为典型的书面语体,二语学习者普遍存在着语体能力不足的问题。

文言结构是学术论文典雅度的重要决定因素之一,是不同学科学术汉语中的共核成分。本研究发现,有些文言结构在中国学者的学术论文中罕用或少用,有些结构则常用。这涉及哪些文言结构是现代汉语中的必要成分,哪些文言结构需要纳入学术汉语教学大纲的问题。孙德金(2012b)对如何界定现代汉语书面语中的文言语法成分提出了由频度和系统融合度构成的标准,并制定了具有可操作性的界定程序。我们同意他的观点,认为有必要在冯胜利(2006b)所列文言结构的基础上,借助大型语体语料库,根据使用频率对文言结构进行分类。把在现代汉语书面语中使用频率高的列为第一类,使用频率低的列为第二类,使用频率为 0 的列为第三类,以便在教学中作出不同的要求。对使用频率高的文言结构可以要求学生既能理解,也能表达。比如本研究中发现以下这些文言结构在中国学者的学术论文中常用,就可以作为教学重点:用于、在于、有利于、基于、适用于、有助于、处于、便于、不同于、限于、学习者、编写者、编者、学者、经历者、笔者、二者、后者、研究者、前者、N 之 Adj.、使之、称之为、就……而言/论、以 A 为 B、以 $N_1 V N_2$。对于使用频率低的文言结构则可以只要求理解,不要求表达。对于中国学者不使用的文言结构,可以不作为教学要求。

  本研究发现,韩国硕士研究生在文言结构的使用上尚存在明显不足。由此推知,韩国本科生的使用情况将更不乐观。原因不难分析,文言结构属于非常正式的书面语体,在通用汉语训练中很少涉及,而学术汉语训练也往往只限于专业学术词汇和专业知识,忽视了学术汉语中的语体问题。如何培养留学生在学术汉语中使用文言结构的能力,涉及留学生学术语体能力的培养问题。李泉(2004)曾指出,不论是高年级进修生,还是本科及以上的学历教育生,基本上都还没有开设诸如汉语语体类型、口语语体分析、书面语语体分析、口语语法、书面语语法、书面语虚词、口语语体和书面语语体对比、典型口语和典型书面语转换例析、汉语话语结构分析、汉语语篇结构分析等基于语体的高层次语言课程。我们认为这一现象至今仍无太多的改观,主要原因是语体研究的薄弱,导致相关课程不能开设。比如学界目前缺少大规模典型口语语料与书面语语料的对比研究成果,因此典型的口语句法结构、口语词汇、书面语句法结构、书面语词汇分别包括哪些尚不清楚。学术语体属于正式书面语体,包含哪些核心词汇、句法结构至今缺少相关成果,学术语体能力的培养只能是空谈。

  前文发现韩国学生对"于"字结构、"者"字结构使用的多少与这些结构是否作为词语收入词典或《国际中文教育中文水平等级标准》关系并不大。教材生词表的编写往往都会依据词典或等级标准,因此基本上可以推论外国学生不太可能通过学习通用汉语教材习得文言结构,而有可能通过大量阅读专业论文附带习得。因此,我们建议在尚未开设有关语体转换能力的课程的情况下,为外国留学生提供大量阅读中文学术论文的机会,同时积极引导他们关注学术论文中的语言使用特点。

7.3 本章小结

陈平(2018)认为"我们阅读今天的英文书报,见不到古英语的踪迹,但古汉语词语句式却是现代汉语书面语的常用成分"。"以 A 为 B"文言构式就是现代汉语书面正式语体中的常用成分,但与一般的汉语书面语构式在语体使用上仍有不少差异,可能会成为外国留学生习得的难点。这类构式应该是现代汉语书面语的特点之一,但对外汉语教学界对此关注并不太多。本研究在语体语法理论的启发下,尝试考察外国留学生在书面语中习得"以 A 为 B"文言构式的情况。研究结果发现,留学生在书面语中使用该构式的频率偏低,习得偏误率为 32.81%,偏误类型复杂。随着学习汉语的人数逐渐增加,位于金字塔尖的高级汉语水平的学生越来越多,需要我们针对书面语的口语化倾向和学术汉语能力不足的问题开展研究,找到解决方案,提升留学生现代汉语书面正式语体的能力。

前文我们谈到有一些汉语教学大纲中已经列出了"以 A 为 B"构式,但是留学生习得情况还不理想。我们认为,目前的汉语教学大纲和教材基本上将这一类文言构式混同于固定格式,并未从语体的角度进行凸显,或者说对这类文言构式在何种语体中运用并未引起重视。目前国内的汉语教学基本上采用分技能教学,有综合课(读写课)和口语课(听说课),好像对语体教学有了分类,其实这两类课对语体的重视程度都不高,尤其是对"以 A 为 B"类体现汉语书面正式语体特色的构式重视不足。今后,面向二语学习者的现代汉语书面语教学不但要重视一般的汉语构式,也需更进一步关注"以 A 为 B"等文言构式,不但将其列入大纲、编入教材,更应该凸显其语体属性。在具体的教学策略上,需要注意讲解和举例时体现此类构式的语体特点,在输出时要选择合适的练习形式,尽量多采用转述类的练习形式,避免采用对话形式的练习。学术汉语目前成为研究热点,我们建议将文言构式的习得也纳入学术汉语的研究范围,从更高的层面对其进行教学设计和教学实验。当然,由于对外汉语教学界对此关注不多,相关的研究也亟需深化和提升。本研究限于篇幅,仅抛砖引玉,期冀更多的学者关注文言构式的习得、汉语的语体特征等问题。

本研究又基于自建学术论文语料库,从文言结构这一视角出发对韩国学生学术汉语语体能力的问题进行初步探索,通过对比含"于""者""之""而""以"的 5 类文言结构在中国学者、韩国学生论文中的使用频率,发现韩国学生学术汉语的语体能力存在不足。主要表现为:韩国学生总体上存在少用汉语文言结构的倾向,对某些专业名词的使用存在过度泛化的倾向。研究同时也发现,虽然韩国学生学术汉语的语体能力尚有不足,但是已经具备一定的语体意识。韩国学生对含"于""者""之""而""以"的 5 类文言结构的具体小类掌握程度不同,在词汇层面尤其是专业名词层面掌握尚可,在句法结构层面还有较大差距。

学术汉语语体能力的培养对高级水平的外国学生来说颇为重要。随着中国国际地位的提升,有越来越多的外国学生攻读中国大学的学士、硕士、博士学位,如何提高他们的学术写作能力是不可回避的重要问题。但是目前学界对学术汉语的研究成果非常少,不足以支撑学术汉语的教学及教材编写。"学界应该重视学术汉语的教学和研究,增强学术汉语教学的意识,形成良好的氛围,在课程设置中及时增加相应的课程,并加强教材开发及相关研究工作。"(高增霞、刘福英 2016)

第八章

语体不对应现象及口语格式的收录问题初探

许多专家学者都呼吁对外汉语教学要重视语体,李泉(2001)对前人的研究做了系统的评述,并在此基础上,提出了基于语体的对外汉语教学语法体系的构建设想(李泉2003b),探讨了面向对外汉语教学的语体研究的范围和内容(李泉2004)。

从对外汉语教学的角度来看,语体大致可分为非正式语体、中性语体和正式语体三种。这种划分主要是考虑各语体的倾向性,三种类别之间不存在清晰的界限。近些年来,对外汉语教学界开始关注一些典型的口语语体和典型的书面语体句式,并有成果问世,如刘德联、刘晓雨(2005),张建新(2008)等都出版了口语常用格式的专著,冯胜利(2006b)出版了书面语常用格式的专著,这对促进语体与对外汉语教学的结合,提升对外汉语教学质量起了很大的作用。近些年来,教材编写者也汲取了理论研究成果,在教材编写中体现语体意识,尤其是在中、高级阶段的综合课教材中,把许多典型书面语体的句式作为重要语言点来处理,这种由初级阶段的中性语体到中、高级阶段书面语体的转向是有必要的,对培养学生得体的交际能力非常有益。佟秉正(1996)早就指出中级教材编者与教师要把口语同书面语的差异作为一个教学重点,特别是母语为汉语的编者和教师,更要提高警觉,因为习焉不察,很容易忽略二者之间某些细微的差别。

虽然对外汉语教学界开始重视书面正式语体,然而在教学实践中,我们同意李泉(2004)的观点:现在不少教材语体特征的体现还不够明显,甚至存在着某种程度的语体"错位"现象。"从现有教材的实际情况来看,几乎所有教材在语体知识的介绍方面都很欠缺,甚至根本就没有语体方面的注释和说明;几乎所有教材的生词都只标注词性不标注语体,几乎所有教材的练习都不大涉及语体方面的内容,因此,教材编写的语体问题,从理论到实践都需要作进一步深入的研究和探索。"(李泉 2004)

本章将重点研究中级综合汉语教材中书面语句式的练习设置问题——语体不对应现象①,并在大型语料库的基础上,对如何选取中级综合汉语教材的书面语句式,如何设置有关书面语句式的练习提出自己的看法。另外,还尝试考察现有词典、大纲对口语格式的收录情况,提出改进建议。

8.1 "语体不对应"现象

8.1.1 教学实例

中级水平的留学生在学习了"待到……之时"语法点之后,进行对话练习,如:

(1)小王计划去西藏旅行已经好几年了,怎么老没动身?
(2)他说他妻子突然生病了,所以<u>待到</u>妻子病情好转<u>之时</u>,和妻子一起去旅行。
(3)<u>待到</u>签证办好<u>之时</u>,马上就出发。

例(1)是教材中的原句,例(2)、例(3)是学生给出的回答。又如:

---

① 语体不对应现象的研究主要基于汲传波(2009),本章在其基础上进行了修改和补充。

(4)听说你买了新房子,什么时候搬家呀?

(5)待到以前的主人迁居之时,我们就搬家。

(6)待到新家具都准备好之时再搬家。

(7)待到粉刷结束之时我们再搬家。

例(4)是教材原文,例(5)至例(7)是留学生给出的答句。

留学生对"何尝"语言点的练习情况如下:

(8)你在政府机关工作,端的是铁饭碗,比我们在公司干的轻松多了。

(9)(我们天天加班到深夜,)我们何尝不辛苦?

(10)(我们天天加班到深夜,)何尝比你们公司轻松?

(11)(我们天天加班到深夜,)我们的工作何尝像你说的那么轻松?

例(9)至例(11)中,不加括号的部分是三个留学生根据例(8)作出的回答。又如:

(12)母亲一个人住在乡下,生活不方便,为什么不接来和你们同住呢?

(13)我何尝不想同住,就是没有找到适合我们的房子。

(14)我们何尝不想接她来,但是她很习惯住在乡下,不想搬家。

(15)我妈的要求我何尝没考虑过?但妻子受不了她,真的没有办法。

(16)我何尝不想跟她住在一起,只是母亲不想离开故乡,那里是对她很有意义的地方。

其中例(12)是教材练习中的原文,例(13)至例(16)是留学生针对例(12)作出的回答。

8.1.2 原因分析

以上选取的留学生所造的句子都是教师认为非常好的,这些句子在语法、语义上都没有什么问题,表明学生对该语言点的掌握已经很不错了。尽管这样,我们仍隐约感到学生的回答非常别扭。

根据冯胜利(2006b)的研究,我们知道"好 hào""岂不"等都属于书面语句型,是常用古句式。这些句型是从古代承传下来只用在书面正式语体中的表达方式,口语里几乎不用。"待到……之时"也应该属于常用古句式,口语里少用。根据吕叔湘(1999),"何尝"也属于书面语句型。至此,我们是否可以判定,"待到……之时""何尝"等语言点属于书面正式语体,很少在口语中使用,尤其是日常对话语体?许多教材在设计语言点练习时,大都采用问答式的练习形式,提供一种情景,是典型的口语对话语体。这与要求书面正式语体的语言点是一个矛盾。因此,虽然学生的回答在语法、语义上都正确,但还是让人感到别扭。

所谓语体不对应问题,指的就是教材中设置的口语对话语体的练习形式与语言点本身所要求的书面正式语体之间的矛盾现象。对这类不对应现象如果不给予重视,将不利于学生对语体的把握,不利于培养学生得体的交际能力。王晓娜(2003)也认为,"第二语言学习者习作中出现的语体偏误问题,有相当一部分是由于教材练习中所设定的虚拟语境同指定的语体成分不相应所造成的"。

这种语体不对应也是一种语体冲突。比如贺阳(2008b)就认为"一个语言形式如果通常或常常用于某一语体,久而久之就会带上特定的语体色彩,这种特定的语体色彩会阻挡该语言形式进入别的语体。例如,'溜达'带有口语色彩,这种口语色彩会阻挡它进入书面语体,否则就会造成语体冲突,产生'饭后溜达有益于健康'这样可笑的句子"。

上文在判定"待到……之时""何尝"等语言点属于书面正式语体,很少在口语中使用时,根据的是个人语感和词典注释,下面我们从语料库的角度进行验证。

8.1.3 基于语料库的语体属性判定

(一)"待到……之时"及相关句式的语料分析

判定一个句型是否只用于书面,我们除了参考已有的研究成果之外,还可以通过北京大学 CCL 现代汉语语料库、古代汉语语料库和自建的口语对话语料库进行实证研究。①

查询北京大学 CCL 现代汉语语料库,共有"待到……之时"5 句,如:

(17) 待到二十一世纪的朝阳升起之时……(《人民日报》)

(18) 待到步入永鼎的电缆车间之时,记者疑云顿消……(《人民日报》)

(19) 待到孝宗病危之时,仍对儿子望眼欲穿,但最终还是在失望中咽下了最后一口气。(《读者》)

(20) 待到"敌军围困万千重"之时,很可能遭受"滑铁卢"的败绩……(《读者》)

如果考虑语体的小类,会发现很有意思的现象:"待到……之时"在现代汉语书面语中的语体分布情况是:仅有的 5 句全部来自报刊。

查询北京大学 CCL 古代汉语语料库,也找到"待到……之时"5 句,如:

(21) 且请回寓,待到临场之时再作道理便了。(《说岳全传》)

(22) 但因他现为丞相,位居百僚之首,故须预先告明,待到会议之时,免得惊慌失措。(《西汉野史》)

(23) 哀章将此事假造完备,待到黄昏人静之时,身着黄衣,将所制铜匮悄悄携到高庙,交与一个守庙官员,连忙转身出去。(《西汉野史》)

北京大学 CCL 现代汉语语料库和古代汉语语料库字数总计 3 亿多,"待到……之时"的例句仅 10 句,数量极少。因此,我们可以判定,"待到……之时"虽然是一种古句式,但不算是常用的古句式。

在现代汉语口语中,可以替代"待到……之时"的为"等到……的时候",我们也对这一句式在北京大学 CCL 现代汉语语料库中进行查询,共找到 590 句,如:

---

① 如未特殊说明,本章检索"待到……之时""等到……的时候"的条件是,中间相隔的汉字数量小于等于 30。

(24)等到官府得到消息来抓他的时候,他又躲到别处去。(《中华上下五千年》)

(25)不要等到你要考研究生的时候再来搜集,从大一开始,你就要开始准备,提前起跑才有优势。(《完美大学必修课》)

(26)现在讨论北约东扩问题毫无意义,应该等到比较平静的时候再讨论。(《人民日报》)

(27)尼氏说:他发现那样做办不到,一定要等到高兴的时候才行。(《读者》)

查询北京大学 CCL 古代汉语语料库,"等到……的时候"找到了 95 句,如:

(28)任直从清早不曾吃饭,直等到傍午的时候,只不见出来,肚里又甚饥饿起来……(《醒世姻缘传》)

(29)钦差会意,等到晚上无人的时候,请了拉达过来,面授机宜,如此如此,这般这般的,吩咐了一番。(《官场现形记》)

通过对比不难发现,"待到……之时"与"等到……的时候"二者常用度极为不同,"待到……之时"在古代汉语语料库和现代汉语语料库中一共才 10 句,而"等到……的时候"共 685 句,比例悬殊。而且例句表明"待到……之时"的用法与"等到……的时候"在使用环境上也不同,"待到……之时"的例句都是单独作为一个小句出现的,而"等到……的时候"小句前后可以有别的成分。①

"待到……之时"在口语中的运用情况,我们是通过检索自建的 160 万字的《实话实说》语料库进行的,最终结果是在语料库中没有发现一个例句。②

---

① 有意思的是,"等到……之时"在北京大学 CCL 古代汉语语料库和现代汉语语料库中分别有 33 句和 19 句,"待到……的时候"则有 7 句和 37 句。相比之下,这也说明"待到……之时"不是一个常用的句式。

② 2020 年 BCC 新上线了大型对话语料库,我们从中仅查询到 2 句,分别为"待到春暖花开之时""待到炉火纯青之时"。该对话语料库没有介绍总体规模,另外也有不少重复。检索数据仅作参考,不放入正文。

(二)"何尝"的语料分析

"何尝"在北京大学 CCL 现代汉语语料库中共 1014 句,如:

(30)这个道理我何尝不知道。(《中华上下五千年》)

(31)商品在不断升级换代,服务又何尝不是如此。(《人民日报》)

(32)可见文王之行仁义,明明是一种权术,何尝是实心为民。(《厚黑学》)

"何尝"在北京大学 CCL 古代汉语语料库中共 825 句,如:

(33)天之所命,何尝有异?(《朱子语类》)

(34)姬昌自食子肉,所论先天之数,皆系妄谈,何尝先有定数。(《封神演义》)

(35)那两口子只是叫屈,说这孩子何尝到我家,真是冤枉。(《东度记》)

由上可以判断"何尝"是古语句式,而且在现代汉语中比较常用。下面是"何尝"在现代汉语中的语体分布情况:

报刊 591＞文学 405＞应用文 18

根据这个比例分布,可以看出"何尝"常用于报刊语体和文学语体。再来看"何尝"在对话语体中的用例情况,《实话实说》语料库中"何尝"的例句仅有 2 句,即:

(36)主持人:"大头"我想问问,这么好的一个弟弟,你有没有很内疚的感觉?

余显明:我何尝不想帮他做,但是我不能做。我净说好的,兄弟你放心,车、房子我买给你,我净说这些空话怎么行?不能说的,对兄弟,我这份感情不愿意说出来。

(37)主持人:你觉得你去戒毒所是为了弟弟。本来可以跑的是不是?

余显明:在他面前出现,他很烦的。你在那里干吗,他分心嘛。所以我说,他叫我在三年,我就在。他何尝知道,我是为他做,他不知道,真的,我从来不说出来的。

在 160 万字的语料中,"何尝"仅出现两次,这说明"何尝"不常用于对话语体,但是不排除偶尔使用的可能性。其实,这也说明口语和书面语本身就很难分界,因为有的人说话本身就文绉绉的,倾向于书面。① 但是"何尝"用于日常对话的比例不高应该是肯定的,即"何尝"倾向于用于书面语,而不是口语中,这也符合个人的语感。

"何尝"在日常口语中的替代词,情况比较复杂,有时可以用"怎么"替代,有时又可以用反问语调直接表达,这和"待到……之时"不同。因此,我们不再对"何尝"的口语替代形式进行语料分析。

(三)中介语语料库的分析

通过检索北京语言大学 HSK 动态作文语料库,我们可以发现一些有意思的现象。检索"待到……之时",没有发现用例②,而"等到……时/的时候"就很多,共有 15 句,如:

(38)等到来了第三个和尚时,也可能因为其中有的和尚想贪小便宜,不花力气而有水喝,就不愿下山抬水。

(39)等到快毕业的时候,我突然发现,这样下去我能找到理想的工作吗?

(40)等到孩子们能简单表达自己的思想的时候,孩子们就慢慢地学会去判断。

中介语检索结果说明:留学生倾向于对"待到……之时"回避使用,而使用与之语义相同的"等到……的时候"来代替;或者也可能留学生根本没有学过此句型。

检索"何尝"的用例,共有 19 句,我们发现高级水平的留学生"何尝"的用例都是"何尝+是/不是"的用法,其他的用法都回避了,学生的用

---

① 比较典型的例子就是于丹女士的谈话,她在日常用语中也习惯运用一些古语词,但这只是个例,大多数人在日常对话中还是倾向于避免使用古语词的。

② 语料库中发现"待到……时"有一个用例:待到要收成时,大家跑到田里一看,又见杂草满生,连一粒稻米也没有。

例如：

(41) 这样的生活，也许会很平静，可是这何尝不是一种幸福呢？

(42) 在男女混合式教育之下，学生们能了解异性的同学，并学会尊重异性的朋友，尊重与了解他人的思想与感受，并学会照顾他人，这何常不是一件好事？（"常"字写错了，应该为"尝"）

(43) 早恋又何尝是件坏事，只要有恰当的教育方式，早恋也能成为一种宝贵的学习过程。

(44) 虽说人手不足难办事，但人浮于事又何尝是一件好事。

以上中介语语料表明，留学生在书面语体中已经能够大胆地使用"何尝"，但是对这一重要语言点的掌握并不理想。这也提醒我们需要对该语言点的语义、语法特点以及语体使用情况进行深入研究，以便让学生更好地掌握此句式。

8.2 口语格式收录问题

第六章研究发现日本留学生的汉语书面语中存在口语化倾向。下面以 37 个口语格式在《现代汉语词典》（第 7 版）（以下简称"词典"）、《汉语水平词汇与汉字等级大纲》（修订本）（以下简称"旧大纲"）、《新汉语水平考试大纲》（以下简称"新大纲"）、《国际中文教育中文水平等级标准》（以下简称"新标准"）中的收录情况为例，分析日本留学生书面语中的口语化是否与词典、大纲、新标准的收录情况相关；另外，通过考察 37 个口语格式在汉语对话语料中的使用情况，分析词典、大纲、新标准在口语格式收录方面的得失。

8.2.1 口语格式在词典、大纲、新标准中的收录情况

在词典中检索 37 个口语格式的收录情况，收录记为 Y，没有收录则记为 N；在新旧大纲、新标准中检索口语格式的收录和级别情况，不在大纲、新标准中记为 N，收录则直接记为新旧大纲、新标准中标示的级别。结果见表 8.1。

表 8.1 37 个口语格式在词典、大纲、新标准中的收录情况

口语格式	词典	旧大纲	新大纲	新标准	口语格式	词典	旧大纲	新大纲	新标准
不好意思	Y	乙	5	2	没事儿	Y	乙	N	1
无所谓	Y	丙	N	4	巴不得	Y(口)	N	6	高等
没问题	N	N	N	N	(就)得了	Y	N	N	5
不得了	Y	丙	5	5	你说呢	N	N	N	N
就这样(吧/了)	N	N	N	N	说真的	N	N	N	高等
不用说	N	N	N	高等	没什么	Y	乙	N	1
不怎么(样)	Y	丙	N	6	有的是	Y	乙	N	3
对了	Y	N	N	N	说了算	N	N	N	N
你看	N	N	N	N	说白了	N	N	N	高等
话(得/又)说回来	N	N	N	N	怪不得	Y	丙	5	高等
罢了	Y	N	N	6	怎么搞的	N	N	N	N
算了	Y	乙	6	6	话是这么说	N	N	N	N
好了	Y	N	N	N	说不好	N	N	N	N
(不)要说	N	N	N	N	要我说	N	N	N	N
就是了	N	N	N	N	一句话	N	N	N	5
不像话	Y	丙	6	高等	本来嘛	N	N	N	N
不要紧	Y	乙	5	4	别看	Y	N	N	高等
没劲	Y	N	N	高等	够朋友	Y	N	N	N
再说吧	N	N	N	N	收录总计	19	11	7	20

表 8.1 显示,词典中收录了 19 个口语格式,占所有考察格式的 51.35%。日本留学生在书面语中使用的口语格式前十位的有 5 个收入词典[不好意思、无所谓、不得了、不怎么(样)、对了],有 5 个未收入[没问题、就这样(吧/了)、不用说、你看、话(得/又)说回来]。由此看来,日本留学生是否多用口语格式与词典是否收录关系不大。另外,词典中收录的 19 个口语

格式中,仅有一个词"巴不得"标注了口语,其他都未标注。这一现象说明"口语格式"的认定在词典中更为严格。

在旧大纲中,37 个口语格式中有 11 个被收录。新大纲中,有 7 个被收录。新旧大纲同时收录的有 6 个。这两个 HSK 大纲是编写对外汉语教材时的重要参考,可是对于口语格式的收录有一定差异,并且收录比例也很低。

《国际中文教育中文水平等级标准》自 2021 年 7 月 1 日起正式实施。37 个口语格式在该标准中收录 20 个,与新旧大纲相比,收录数量大幅提升。可以预期,基于新标准,外国留学生对于汉语口语格式的掌握应该比之前要好一些。

8.2.2 对 37 个口语格式在对话语料中实际使用情况的考察

我们在中国传媒大学有声媒体文本语料库中搜索中央电视台的对话语料,共计 1584 个文本,5958906 词次。对 37 个口语格式在这些文本中的出现次数进行统计并排序,结果如表 8.2 所示。

表 8.2　37 个口语格式在对话语料中的使用情况

口语格式	次数	口语格式	次数	口语格式	次数	口语格式	次数
不得了	94	就是了	13	没问题	0	你说呢	0
不好意思	65	说真的	10	就这样(吧/了)	0	没什么	0
不用说	64	没事儿	9	对了	0	怎么搞的	0
说了算	47	算了	8	你看	0	话是这么说	0
无所谓	39	不像话	5	话(得/又)说回来	0	说不好	0
不怎么(样)	29	(就)得了	4	好了	0	要我说	0
怪不得	26	够朋友	4	(不)要说	0	一句话	0
不要紧	23	巴不得	3	没劲	0	本来嘛	0
说白了	21	有的是	2	再说吧	0	别看	0
罢了	16						

根据表 8.2 可知,在近 600 万词次的对话文本中,有 18 个口语格式使用次数为 0。其中"没问题、就这样(吧/了)、对了"三个格式在日本留学生的书面语中的频率大于 10,但是在汉语母语者的对话语料中使用次数为 0。虽然语料规模不大,但是也说明本章所研究的 37 个口语格式使用常用度不同。词典、大纲在收录口语格式时如果能够以语料库统计为基础,将会更科学。在对话语料中出现的 19 个口语格式中,仅有 3 个格式未收入新标准,即"说了算、就是了、够朋友"。我们建议新标准在将来修订时可以考虑增补。另外,在口语教学中,如果过于强调一些常用度不高的口语格式,可能未必对学生有利。因为留学生学习中文的时间有限,要提高学习效率,在教学安排时就要有所取舍。我们建议今后建设大规模的现代汉语对话平衡语料库(字数最好能够在 1 亿以上),对目前口语教材中涉及的口语格式进行统计、排序,据此筛选出口语教学中的重点格式,使留学生既能理解,也能表达。而对于常用度不高的口语格式,可以只要求理解,不要求表达。

如果把表 8.1 和表 8.2 结合起来观察,会发现比较有意思的结论(见表 8.3)。对话语料中出现的格式倾向于在词典中收录(19∶14),而在对话语料中没有出现的格式则倾向于在词典中不收录(18∶13)。这说明词典在收录这些口语格式时可能部分考虑到了常用度问题。当然,我们希望作为权威的汉语词典,在收录口语格式时能够有大规模口语语料的统计结果的支持。

表 8.3 对话中出现的口语格式与词典收录情况比较

对话语料中出现的格式数量	对话语料中出现同时在词典中收录的格式数量	对话语料中未出现的格式数量	对话语料中未出现同时也未在词典中收录的格式数量
19	14	18	13

另外,还发现随着日本留学生汉语水平的提高,其口语化倾向并未随之减弱。通过考察 37 个口语格式在词典、大纲中的收录情况,发现日本留学生书面语中的口语化与词典、大纲是否收录关系不太大。但根据 37

个口语格式在汉语对话语料中的使用情况,我们建议词典、大纲在收录口语格式时标准应该更为清晰、统一,标注应该更为精确、细致。相较于新旧大纲,新标准在口语格式收录方面有了非常大的改进。

8.3 教材、辞书编写建议

8.3.1 借鉴现有成果,利用语料库

除了可以参考汉语书面语用例的专著之外,我们可以使用大型语料库,准确把握词或语法格式的语体属性及其用法,来帮助教材编写者或任课教师从中甄别出常用书面语句式、中性语体句式、口语句式。重要的是可以通过将例句数量和个人的语感相结合来判断一个句式的常用度,以此来决定在编写教材时是否把它作为重要语言点来处理。前文的语料统计表明,"待到……之时"在现代汉语语料库和古代汉语语料库中都很少用,常用度不高,因此不宜作为教材中的重要语言点;而"何尝"在语料库中的用例很多,并且古代汉语语料库和现代汉语语料库用例都比较多,适合在中高级的汉语教材中作为语言点来使用,但是要结合该语言点在语料库中的语体分布情况,科学地设计练习。

8.3.2 保证输入的真实性

在输入时尽量用真实的语言材料,提供真实的交际情景,这包括语体的正确对应。实际上目前很多教材在真实性方面做得已经不错,但是交际情景的设置上就比较欠缺。"我们不光要注重书面词语的习得,还要注意语体意识的培养。"(张正生 2005)因此,我们在对语言点的解释上,要注意说明该语言点常用于哪种语体,比如向学生说明"何尝"多用在报刊和文学语体中。对例句的选择也应该尽量选择原文中的例句或者略加改动,但是最好提供例句的前后语言环境,使学生能够真正体会语言点的用法。

8.3.3 保证输出时的语境合适

在输出时要选择合适的练习形式。对于只用于书面的语言点,要尽量避免采用对话的练习形式,应多采用转述类的练习形式。张正生(2005)认为,"建立语体意识的最基本的方法是对比。因此,口语和书面词语的配对和对译也是帮助学生建立语体观念的有效的练习形式"。佟秉正(1996)也认为"只有通过对比才能正确看出二者适用的实际场合有何不同,也才能领会用词的得体性"。比如"何尝"的练习可作如下设计:

(45)口　语:我怎么不想去?我只是没有时间。
　　书面语:_____。(何尝)

另外,提供语境,完成句子也是一种比较好的练习方式。这种练习可以直接从语料库中查找水平合适的原文语段,留出语言点所在的句子,让学生试着填写。比如:

(46)我这才悟出,我早已成为他们眼中的"废物",他们_____(不想听我的意见),只不过觉得这个"废物"的名字还有利用价值罢了。(《人民日报》)①

(47)他又说他这部书是尽可能地用极单纯的文字写的,其实_____(不是只有这书),他所有的作品,文句都是极简单的。(《读书》)②

8.3.4 辞书收录口语格式标准应更清晰、统一

词典作为权威的汉语辞书,在收录哪些口语格式、哪些口语格式应该标注口语方面,应该更为精确、细致,标准应该更清晰、统一,这样对汉语母语者或者二语学习者会更有价值。我们同意关于构建对外汉语口语教学语法大纲的观点,在考虑使用频率、参与到句法结构中所表现出的难易程

---

① 例句(46)的原文空处为:何尝要听我的意见。
② 例句(47)的原文空处为:何尝只有这书。

度以及通用度三个因素基础上(徐晶凝 2016),把常用度高的口语格式收入 HSK 词汇大纲。当然,新标准所收录的口语格式较之前有了很大的改进。我们建议今后在修订 HSK 大纲、词典时,尽可能增加语体属性的标注。

8.4 本章小结

在中级阶段逐步培养留学生的语体意识非常重要,因此,在教材语言点的选取和练习设计上就需要处处考虑语体因素。现在许多教材都把一些书面语体色彩较强的语言点作为重要句型进行练习,这是非常值得称道的现象。我们教学实践中发现学生给出的答案与教材设计的练习形式存在语体的矛盾,提出了"语体不对应"现象,并尝试给予解决。前文的研究表明,借助分语体的大型语料库对语言点的常用度和语体属性进行判定是可行的。教材编写者在初选语言点之后,应该借助语料库来确定是否选用。对用例非常少的句式,比如"待到……之时",可不作为教材的语言点处理,只需学生读懂、理解即可。而对用例多的语言点,比如"何尝",在输入、输出时要根据其在语料库中的语体分布情况,科学地设计练习形式。

卞晓琼(2011)针对目前使用较为广泛的对外汉语教学课本《新实用汉语课本》《博雅汉语》以及《高级写作教程》,采用量化分析的方法,发现目前对外汉语教材中确实存在着有关语体的问题,通过对 HSK 中高级水平学生汉语写作部分的量化考察,也发现了同样的问题。因此她认为语体问题在汉语作为第二语言学习者中确实存在,并且与教材有着莫大的关系。我们认为,不能直接将留学生语体问题与教材完全画等号,但是确实在教材编写中存在一定的不足。

我们同意李泉(2004)的观点,即"我们在教材编写过程中都不同程度地注意到了区分语体的问题。但是,由于初级阶段学习者语言能力的限制,加上人们观念上的某种固定的认识,因而实际上现有的多数通用教材,从语汇和语法方面来看,语体的区分并不十分明显,其语汇为普通话的基本语汇,语法为普通话的基本语法。这大概就是不少学者强调的中性语体"。例如,盛炎(1994)认为"外国人学习中文,语体学习不妨从中性

(neutral)语体开始"。刘珣(2000)也指出,在"初级阶段既不宜过于口语化(不利于掌握基本结构),也不宜过于书面语化(难于掌握,也缺少现实的交际价值),要注意学习口语和书面语都能用到的'中性'语体。从中级阶段后期开始,加强两种语体的区分和转换。高级阶段要特别加强书面语的教学"。"这些意见是实际教学经验的高度概括和总结,并有相当的理据,因而具有广泛的代表性。但在教学实践中,教材的中性语体比重太大、使用的阶段性太长(跨初、中、高三个阶段);而中级及以后的所谓书面语很大程度上又仅局限于文学作品。这种状况是很值得思考的。"(李泉 2004)

过去,教师们试图通过展示书面语范文来教授口语,反之亦然,就好像写作是"写下来的谈话"(Nunan 1999)。国内对外汉语教学虽然早就提倡听说、读写分开教学,但是如何教语体确实值得深入探讨。在口语教学中,如果过于强调一些常用度不高的口语格式,可能未必对学生有利。因为留学生学习中文的时间有限,要提高学习效率,在教学安排时就要有所取舍。我们建议今后建设大规模的现代汉语对话平衡语料库,对目前口语教材中涉及的口语格式进行统计、排序,据此筛选出口语教学中的重点格式,使留学生既能理解,也能表达。而对于常用度不高的口语格式,可以只要求理解,不要求表达。周芸、张婧(2010)调查发现,泰国学生汉语谈话语体能力的习得顺序为:谈话语体的理解能力＜谈话语体标记的掌握能力＜谈话语体语境的认知能力＜谈话语体的表达能力＜谈话语体与其他语体的协调能力。这也说明语体能力的训练应该至少划分为理解和表达能力,不能混为一谈。

对外汉语教学一线的教师常常感觉许多教材对语言点的解释不清楚,也很难找到合适的工具书来参考,这很大程度上都可以归因于用法研究的成果太少。重视语体的作用,应该能够有助于用法研究的开展。张伯江(2007)认为"让语体观念在发现语言事实和解释语言事实方面起到扎扎实实的作用,应该能够有效地推进用法的研究"。

本章是语料库在对外汉语教学领域应用的一个新的探索,研究成果会有助于提升对外汉语教材编写的科学性,从而更有效地培养留学生的汉语交际能力。

第九章

结　语

9.1　本研究主要结论

任何科学研究，都应该基于问题。本研究主要基于对外汉语教学实践中发现的问题：外国留学生书面语表达中常常出现语体偏误。关于这一问题的研究虽然有一些成果，但是不系统、不深入。

本研究虽然受语体语法理论的启发，但是并不完全拘泥于该理论。我们将语体三分为非正式语体（典型口语语体）、中性语体、正式语体（典型书面语体），将典雅语体并入正式语体进行研究，将归纳、总结体现语体特点的语体特征标记作为研究的重点和基础。前人研究留学生的语体习得问题，所使用的语体特征标记要么非常抽象，要么比较零散，不成系统。本研究在综合前人成果基础上，运用BCC大型语料库进行辅助验证，归纳出了三大类语体特征：基本项目（4个）、非正式语体特征标记（14个）、正式语体特征标记（11个）。

在以上这些语体特征标记基础上，我们对外国留学生书面语体习得总体情况进行了研究，发现和汉语母语者相比，存在非正式度高、正式度低的特点，即"口语化有余、典雅度不足"。

虽然总体上外国留学生书面语存在语体问题，但是不同水平留学生的书面语体使用情况和汉语母语者相比，有何特点？不同水平留学生之间有无异同？针对这些问题，我们自建语料库，基于语体特征标记，进行了深入对比分析。研究发现，每个水平的留学生都存在口语化有余、典雅度不足的问题，即使是高级汉语水平的留学生也还存在这一问题。不同水平留学生书面语之间进行对比，结果发现并不是随着语言水平的提升，外国留学生的语体能力也都相应提升。具体而言，从基本项目来看，虽然总体上正式度的排序是从低分组到中分组，然后到高分组，但是低分组和中分组差距很小。从非正式语体特征标记来看，口语化倾向从低分组到中分组不降反升。这些发现说明语体习得难度大，也有其特殊性。

基于语体特征标记，我们也自建日本、韩国、欧美留学生作文语料库，将之与汉语母语者书面语进行了深入对比分析。研究发现日本、韩国、欧美留学生书面语都存在口语化有余、典雅度不足的问题。不同国别之间进行比较，发现日本留学生不像预期一样在书面语体习得上有优势。日本留学生由于母语中有汉字，在读写上有优势，一般可能会认为其书面语体会比较正式一些，口语化倾向会低一些。可是研究发现，和韩国、欧美留学生相比，日本留学生书面语的正式度并不高。我们预期欧美留学生的口语化倾向应该最高，典雅度应该最低，可是研究结论却与我们的预期相反。总体上，欧美留学生书面语的正式度比韩国、日本留学生都要高，具体原因还有待进一步研究。

通过对不同水平、不同国别留学生汉语书面语体习得情况进行比较，我们发现总体上留学生汉语书面语体的习得过程是口语化程度逐渐降低、典雅度逐渐提高的过程，二者也基本上是相对应的，即口语化程度低与典雅度高呈对应关系。但研究中我们也发现了一个非常有意思的现象：语体习得的不匹配现象。与低分组留学生相比，中分组留学生的书面语中出现了口语化程度提高而典雅度也提高的矛盾现象；与日本、欧美留学生相比，韩国留学生表现出典雅度最低，但是口语化程度也最低的矛盾现象。这种现象的产生可能也正说明语体习得难度非常大，值得深入研究。另外，我们也发现虽然日本留学生书面语的正式度与汉语母语者有很大差距,但是对合偶词的使用却明显比汉语母语者多,这和韩国、欧美留学生都有差异,具体原因也有待进一步研究。

　　文言结构是现代汉语书面语中的一类特殊语言形式,是书面语正式、典雅的重要标志。留学生在汉语书面语中使用文言结构的具体情况如何,这是学者很少关注的问题。基于语体语法理论,本研究考察了现代汉语中常用的"以 A 为 B"文言构式在 HSK 动态作文语料库中的使用情况。结果发现,外国留学生和汉语母语者在书面语中对该构式的使用频率比约为 1∶4,外国留学生存在少用的倾向;留学生习得该构式的偏误率约为 32.81%,偏误比例较高且类型多样。基于研究结论,我们提出要加强现代汉语书面语中的文言构式习得研究,重视文言构式的教学,提升外国留学生使用汉语书面正式语体的能力。另外,通过自建汉语学术论文语料库,我们对比分析了中国学者和韩国学生使用含"于""者""以""而""之"字的文言结构的异同,研究发现除"者"字结构之外,韩国学生存在少用汉语文言结构的倾向。这说明,高级水平韩国学生虽然具有了一定的汉语语体意识,但是语体能力尚有较大不足。为此,我们提出应把中国学者高频使用的文言结构作为教学重点,以提高韩国学生的学术汉语语体能力。

　　最后,我们还就教材中的语体不对应现象和口语格式在辞书、大纲中的收录情况进行了初步探讨,认为对外汉语教材中的语体不对应现象会导致留学生语体习得偏误,必须引起足够重视,今后在语言点练习设计方面需要有进一步针对语体的专门安排。另外,我们提出在口语教学中过于强调一些常用度不高的口语格式,可能未必对学生有利。因为留学生学习中文的时间有限,要提高学习效率,在教学安排时就要有所取舍。我们建议今后建设大规模的现代汉语对话平衡语料库,对目前口语教材中涉及的口语格式进行统计、排序,据此筛选出口语教学中的重点格式,使留学生既能理解,也能表达。而对于常用度不高的口语格式,可以只要求理解,不要求表达。

9.2 研究启示

在汉语词汇、语法教学中,除了教会留学生掌握其语法、语义、语用特点,更要教会留学生掌握其语体特点。"现有的各类语法大纲总的说都缺乏语体意识。具体说来,无论是词汇、语汇,还是句法、格式、句式(包括单句句式和复句句式)等都没有显示语体属性。"(李泉 2003b)英语教学界的观点值得我们借鉴:"教师需帮助学习者识别正式的书面语与口语之间的差异,注重功能与语言实现手段之间的联系,教授如何正确使用词汇和语法特征构建符合语体要求的语篇。"(潘璠 2012)

目前来看,对外汉语教学界对于语体的重视程度还远远不够。高级水平的留学生虽然也在学习精读、口语、写作等课程,但是对于语体的系统训练仍然偏少,很多留学生的语体转换能力非常薄弱。有过外国研究生论文指导经验的教师都有深切的体会,虽然有些研究生的口语表达能力已经很好,但是他们的论文语言仍然呈现口语化的特点(当然也有语法问题),修改起来非常费时费力。这也正如李泉(2020a)所言,"多年来我们几乎从未开设过汉语书面语课程,而高端汉语和汉语深度国际化的重要表现即在于学习者的汉语书面语能力"。因此,我们同意丁金国(1997)的看法:为了有效地提高对外汉语教学的水平,必须将"语体意识"的培育置于对外汉语教学的核心地位。要达到语体教学的目标,只有形而上的"语体意识"培育的指导思想还不够,因为留学生的语体习得不能没有时限,不能没有具体标准。如果没有标准和时限,汉语教学大纲设计、教材编写、课堂教学实践等都无据可依。目前的语体教学现状就是如此。虽然很多学者都提出要重视对外汉语语体教学,但是缺乏明确、具体的标准,使得一线对外汉语教师不知道该如何操作。因此,我们建议语体习得设一个低、中、高的标准,并区分"语体理解"与"语体表达"两个层面。对留学生来说,语体表达比语体理解要困难得多,这也理应成为语体教学中最应该关注的部分。要解决以上难题,目前汉语教学界迫切需要研制出能够区分汉语口语和书面语的语体成分表。英语教学界早有学者对此进行专门研究,比如 Biber(1988)就对英语口语、书面语的大量语言特征进行了多维度分析,系统揭示了各类口语、书面语的语域间差异。在汉语教学界,冯胜利(2003、2006a、2008)也曾就汉语书面正式语体的特征、教学、书面语体庄雅度的自动测量等进行了一系列探讨,颇有影响。虽然如此,汉语学界关于区分口语、书面语体特征方面的研究成果仍然偏少,关于区分口语、书面语的语体成分表的研制始终没有取得重要突破,这都影响和制约着对外汉语语体教学实践。陆俭明(2021)指出,"反思以往的语言研究,习惯于理性主义地探究语言各个不同层面的规则,更多地注重'理论'思辨,注重对语言现象的'解释'。这就语言研究本身而言很需要,无可非议;可是对各层面'特征'的研究与描写则基本没用力,而这是语言研究数字化所必不可少的"。今后汉语学界需要对语体特征进行更为细致的描写与研究,这不仅有助于汉语教学,也有助于人工智能的发展。

"国际汉语教学的目标是培养外国学生运用汉语知识和技能进行交际的能力,要实现这一目标,就必须从汉语言综合运用能力和汉语语体能力的关系出发,高度重视外国学生汉语语体能力的培养,实施以汉语语体知识和技能培养为核心的国际汉语教学。"(周芸、张婧、张永芹 2011)

汉语二语学习者书面语中都会存在一定的口语化有余、典雅度不足的问题,这也是中介语的特点。既然这种现象是客观存在的,那么如何看待这种现象,在汉语教学大纲设计、教材编写、课堂教学实践中如何操作,这些问题应该更为重要。我们认为,书面语中的口语化倾向如同中介语的偏误一样,有一定的规律性,也是汉语二语学习者必然要经历的过程。在汉语二语教学中,应该正确看待这种现象,不能将之看作洪水猛兽,因噎废食,由此取消口语语法或口语词汇的教学。相反,应该加强口语语法、词汇的用法教学,尤其是语体的教学。同时,我们也应该重视和加强书面语的教学,加强对留学生区分不同语体能力的培养。另外,更为重要的是,对外汉语教学界应该加强正式语体的教学,把体现正式语体特点的文言结构、合偶词等作为重点进行练习。我们赞同在具体课程设置上废止"综合+小四门",推广"听说+读写"课堂教学模式(宗世海 2016)。因为听说课可以侧重口语语体的教学,读写课可以侧重书面语体的教学,因此"听说+读写"模式对于留学生汉语语体能力的培养是有利的。

参考文献

卞晓琼.中高级对外汉语教材语体分布情况的考察[D].首都师范大学硕士学位论文,2011.

蔡基刚.从通用英语到学术英语——回归大学英语教学本位[J].外语与外语教学,2014(1).

曹　炜.现代汉语口语词和书面语词的差异初探[J].语言教学与研究,2003(6).

常敬宇.言语得体性与对外汉语教学[C]//北京语言文化大学汉语速成学院.汉语速成教学研究(第二辑).北京:华语教学出版社,1999.

陈　衡.汉语词长的计量研究[D].浙江大学博士学位论文,2016.

陈　平.论现代汉语语法研究中的证据问题[J].当代修辞学,2018(5).

陈望道.修辞学发凡[M].上海:新文艺出版社,1954.

程祥徽.语言风格初探[M].香港:三联书店香港分店,1985.

程祥徽.风格学与对外汉语教学[C]//第二届国际汉语教学讨论会编辑委员会.第二届国际汉语教学讨论会论文选.北京:北京语言学院出版社,1988.

楚建伟,高　云.概念语法隐喻与英语书面语语体意识的培养[J].西安外国语大学学报,2014(3).

崔　嵘,陈　薇,黄　葳.从口语的自发走向书面语的自觉——基于语体学视角的小学四年级习作分析[J].语文建设,2018(28).

崔瑞仁.韩国汉语学习者书面语口语化倾向研究[D].北京大学硕士学位论文,2020.

崔希亮.汉语熟语与中国人文世界[M].北京:北京语言文化大学出版社,1997.

崔希亮.欧美学生汉语介词习得的特点及偏误分析[J].世界汉语教学,2005(3).

参考文献

崔希亮.正式语体和非正式语体的分野[J].汉语学报,2020(2).

丁金国.对外汉语教学中的语体意识[J].烟台大学学报(哲学社会科学版),1997(1).

丁金国.基于语料库的语体风格研究——兼论量化与质化的关系[J].烟台大学学报(哲学社会科学版),2009(2).

丁金国.从语篇到语体——寻找回家的路[J].当代修辞学,2018(3).

董秀芳.汉语书面语中的话语标记"只见"[C]//南开大学文学院、汉语言文化学院.南开语言学刊(第2期),北京:商务印书馆,2007.

方梅.语体动因对句法的塑造[J].修辞学习,2007(6).

方梅.谈语体特征的句法表现[J].当代修辞学,2013(2).

冯瑞玲.英语书面语体意识培养过程中的语料库介入[J].海外英语,2013(16).

冯胜利.书面语语法及教学的相对独立性[J].语言教学与研究,2003(2).

冯胜利.论汉语书面正式语体的特征与教学[J].世界汉语教学,2006a(4).

冯胜利.汉语书面用语初编[M].北京:北京语言大学出版社,2006b.

冯胜利.汉语书面语体庄雅度的自动测量[J].语言科学,2008(2).

冯胜利.论语体的机制及其语法属性[J].中国语文,2010(5).

冯胜利.语体语法:"形式—功能对应律"的语言探索[J].当代修辞学,2012(6).

冯胜利.语体俗、正、典三分的历史见证:风、雅、颂[J].语文研究,2014(2).

冯胜利.语体语法的逻辑体系及语体特征的鉴定[C]//北京语言大学对外汉语研究中心.汉语应用语言学研究(第4辑).北京:商务印书馆,2015.

冯胜利.汉语语体语法概论[M].北京:北京语言大学出版社,2018.

冯胜利,施春宏.论语体语法的基本原理、单位层级和语体系统[J].世界汉语教学,2018(3).

高增霞,刘福英.论学术汉语在对外汉语教学中的重要性[J].云南师范大学学报(对外汉语教学与研究版),2016(2).

国家对外汉语教学领导小组办公室汉语水平考试部.汉语水平等级标准与语法等级大纲[M].北京:高等教育出版社,1996.

国家汉语水平考试委员会办公室考试中心.汉语水平词汇与汉字等级大纲(修订本)[M].北京:经济科学出版社,2001.

韩莹.中高级对外汉语综合课教材中书面语体情况考察与分析[D].北京语言大学硕士学位论文,2008.

贺阳.现代汉语欧化语法现象研究[J].世界汉语教学,2008a(4).

贺阳.汉语主从复句的语序变化与印欧语言的影响[J].长江学术,2008b(4).

胡明扬.语体和语法[J].汉语学习,1993(2).
华玉明.汉语重叠理据(二)——重叠的制约因素[J].邵阳学院学报(社会科学),2002(3).
黄　婧.《博雅汉语》语体分布情况的考察分析[D].广西民族大学硕士学位论文,2014.
黄　梅.汉语嵌偶单音词[M].北京:北京语言大学出版社,2015.
黄　伟,刘海涛.汉语语体的计量特征在文本聚类中的应用[J].计算机工程与应用,2009(29).
黄　莹.研究生英语学术论文语体特征多维度对比分析[J].长春大学学报,2016(7).
汲传波.中级综合汉语教材语体不对应研究[J].云南师范大学学报(对外汉语教学与研究版),2009(6).
汲传波.韩国学生汉语学术论文中文言结构使用初探[J].汉语学习,2016(6).
汲传波.日本学生汉语书面语中的口语化情况研究[J].江西师范大学学报(哲学社会科学版),2017(2).
汲传波.外国留学生"以A为B"文言构式习得研究[C]//世界汉语教学学会秘书处.第十三届国际汉语教学研讨会论文选.北京:商务印书馆,2019.
汲传波,刘芳芳.留学生汉语书面语中的口语化倾向研究[J].语言教学与研究,2015(1).
蒋　艳.名词化的语体研究[J].长春理工大学学报,2012(1).
金立鑫,白水振.语体学在语言学中的地位及其研究方法[J].当代修辞学,2012(6).
阚明刚,侯　敏.话语标记语体对比及其对汉语教学的启示[J].语言教学与研究,2013(6).
孔子学院总部/国家汉办.国际汉语教学通用课程大纲(修订版)[M].北京:北京语言大学出版社,2014.
来思平.现代汉语副词"真"和"很"的用法辨析[J].北京科技大学学报(社会科学版),1999(2).
雷秀云,杨惠中.基于语料库的研究方法及MD/MF模型与学术英语语体研究[J].当代语言学,2001(2).
黎运汉主编.现代汉语语体修辞学[M].南宁:广西教育出版社,1989.
李　泉.加强基于对外汉语教学的语体研究的必要性[J].语言研究,2001(增刊).
李　泉.对外汉语教学理论和实践的若干问题[C]//赵金铭.对外汉语研究的跨学科探索——汉语学习与认知国际学术研讨会论文集.北京:北京语言大学出版

社,2003a.

李　泉.基于语体的对外汉语教学语法体系构建[J].汉语学习,2003b(3).

李　泉.面向对外汉语教学的语体研究的范围和内容[J].汉语学习,2004(1).

李　泉.对外汉语教学语法研究述评[J].世界汉语教学,2006(2).

李　泉.新时代对外汉语教学研究:取向与问题[J].语言教学与研究,2020a(1).

李　泉.2020:国际中文教育转型之元年[J].海外华文教育,2020b(3).

李文明.语体分类之我见[J].修辞学习,1987(4).

李熙宗.关于语体的定义问题[J].复旦学报(社会科学版),2005(3).

李宇明.海外汉语学习者低龄化的思考[J].世界汉语教学,2018(3).

林文金.略谈句式的语体色彩[J].上海师范大学学报(哲学社会科学版),1983(1).

林秀琴."以…为…"和"把…作为/当作…"结构的比较分析[J].首都师范大学学报(社会科学版),2000(增刊).

林裕文.词汇、语法、修辞[M].上海:新知识出版社,1957.

刘丙丽,牛雅娴,刘海涛.基于依存句法标注树库的汉语语体差异研究[J].语言文字应用,2012(4).

刘丙丽,牛雅娴,刘海涛.汉语词类句法功能的语体差异研究[J].语言教学与研究,2013(5).

刘大为.论语体与语体变量[J].当代修辞学,2013(3).

刘德联,刘晓雨.汉语口语常用句式例解[M].北京:北京大学出版社,2005.

刘佳明.对外汉语访谈性语体研究及教学[D].南昌大学硕士学位论文,2018.

刘　婕.中级阶段汉语留学生的语体意识及教学对策[D].复旦大学硕士学位论文,2012.

刘圣心.高级阶段留学生书面语体意识的培养与考察[D].暨南大学硕士学位论文,2008.

刘世亮.从不同语体看现代汉语动词重叠的不平衡性[D].西北师范大学硕士学位论文,2012.

刘　珣.对外汉语教育学引论[M].北京:北京语言文化大学出版社,2000.

刘艳春.基于"树库"的语体比较计量研究——以中央电视台《百家讲坛》《面对面》为例[J].广西社会科学,2012(12).

刘艳春.基于树库的广播节目语体比较研究[J].语言教学与研究,2013(1).

刘艳春.小说等四语体在语体变异模式中的定位与特征——基于17个语体的语体变异多维度考察[J].江汉学术,2019a(1).

刘艳春.汉语语体变异的多维度分析——基于17个语体72项语言特征的考察[J].江汉学术,2019b(3).

刘艳春,胡凤国."播新闻"与"说新闻"语体比较研究——以中央电视台《朝闻天下》和《马斌读报》为例[J].语言教学与研究,2011(1).

刘艳春,胡凤国,赵　艺.辩论与演讲语体多维度、多特征对比研究[J].语言教学与研究,2016(6).

刘艳春,王小帆.小说和传记语体多特征对比分析[J].江汉学术,2018(1).

刘永华,高建平.汉语口语中的话语标记"别说"[J].语言与翻译,2007(2).

卢芸蓉,朱　军.汉语被动句的语体适应性考察[J].周口师范学院学报,2013(6).

卢芸蓉,朱　军.论汉语书面正式语体内部"开放—保守"的差异性特征[J].湖南科技大学学报(社会科学版),2014(3).

陆俭明.对外汉语教学与汉语本体研究的关系[J].语言文字应用,2005(1).

陆俭明.作为第二语言教学的汉语教学必须重视书面语教学[C]//上海师范大学《对外汉语研究》编委会.对外汉语研究(第三期).北京:商务印书馆,2007.

陆俭明.语言研究要与未来接轨[J].语言战略研究,2021(1).

罗主宾.现代汉语"以A为B"句对A、B的选择和规约[J].重庆教育学院学报,2011(5).

骆健飞.韵律、语体、语法:汉语动词辨析及教学的新视角[J].云南师范大学学报(对外汉语教学与研究版),2015(1).

骆健飞.论单双音节动词带宾的句法差异及其语体特征[J].语言教学与研究,2017(1).

吕必松.汉语教学中技能训练的系统性问题[J].语言文字应用,1997(3).

吕必松.试论汉语书面语言教学[J].广州华苑学术版·华文教学与研究,2000(1).

吕叔湘.现代汉语八百词(增订本)[M].北京:商务印书馆,1999.

吕文涛,姚双云.词汇规制与立法语言的简明性[J].语言文字应用,2018(4).

马国彦."N的V"短语的形成机制、语体特征及其修辞运用[J].毕节学院学报,2011(9).

马明艳.汉语学习者书面语作文"口语化"倾向的语体表征[J].汉语学习,2017(1).

孟彩虹.对外汉语初级综合教材中的语体分布考察——以《发展汉语·初级综合》为例[D].西北师范大学硕士学位论文,2016.

孟晓亮,侯　敏.话语标记的语体特征研究及应用[J].中文信息学报,2009(4).

莫　丹.欧美留学生书面正式语体能力发展研究[J].语言教学与研究,2016(5).

潘　璠.中国非英语专业本科生和研究生书面语体的多特征多维度调查[J].外语教

学与研究,2012(2).

彭小川.副词"并"、"又"用于否定形式的语义、语用差异[J].华中师范大学学报(人文社会科学版),1999(2).

盛　炎.跨文化交际中的语体学问题[J].语言教学与研究,1994(2).

施春宏.语体何以作为语法[J].当代修辞学,2019(6).

施光亨.汉语口语词词典[M].北京:商务印书馆,2012.

苏向丽.汉语惯用语学习手册[M].北京:北京大学出版社,2007.

粟　裕.教育部:全球70个国家已将中文纳入国民教育体系[EB/OL].(2020-12-22)[2021-04-06]. http://www.moe.gov.cn/fbh/live/2020/52834/mtbd/202012/t20201222_506957.html.

孙德金.描写与实证——汉语要素的多视角考察[M].北京:北京语言大学出版社,2005.

孙德金.五十余年对外汉语教学研究纵览——《对外汉语教学研究论著索引》编后[J].语言教学与研究,2009(2).

孙德金.现代汉语书面语中的代词"其"[J].语言教学与研究,2010a(2).

孙德金.现代书面汉语中的"以A为B"式意动结构[J].汉语学习,2010b(3).

孙德金.现代书面汉语中文言语法成分的语体及个人风格对比考察[C]//上海师范大学《对外汉语研究》编委会.对外汉语研究(第六期).北京:商务印书馆,2010c.

孙德金.从汉语作为第二语言的角度看汉语"词"的问题[J].玉溪师范学院学报,2011(5).

孙德金.现代书面汉语中的文言语法成分研究[M].北京:商务印书馆,2012a.

孙德金.现代汉语书面语中文言语法成分的界定问题[J].汉语学习,2012b(6).

孙德金.从对外汉语教学看汉语研究[J].玉溪师范学院学报,2014(10).

孙德金.论汉语作为第二语言教学学科的语言学本质[J].世界汉语教学,2015(3).

孙瑞珍主编.中高级对外汉语教学等级大纲(词汇·语法)[M].北京:北京大学出版社,1995.

孙行可.中级阶段韩国留学生书面语体习得研究[D].吉林大学硕士学位论文,2017.

谭汝为.词语选择与语体修辞[J].毕节学院学报,2009(5).

谭晓娅.范围副词在文艺语体与科技语体中的使用情况考察[D].南京师范大学硕士学位论文,2018.

唐松波.谈现代汉语的语体[J].中国语文,1961(5).

唐松波.文体、语体、风格、修辞的相互关系[M]//中国修辞学会.修辞和修辞教学.上海:上海教育出版社,1985.

陶红印.试论语体分类的语法学意义[J].当代语言学,1999(3).

陶红印,刘娅琼.从语体差异到语法差异(上)——以自然会话与影视对白中的把字句、被动结构、光杆动词句、否定反问句为例[J].当代修辞学,2010(1).

佟秉正.从口语到书面——中级汉语教学课题之一[J].世界汉语教学,1996(4).

托伊恩·A.梵·迪克.作为话语的新闻[M].曾庆香,译.北京:华夏出版社,2003.

汪维辉.现代汉语"语体词汇"刍论[J].长江学术,2014(1).

王德春,陈晨.现代修辞学[M].南昌:江西教育出版社,1989.

王福生.对外汉语教学活动中口语和书面语词汇等级的划界问题[C]//赵金铭.汉语口语与书面语教学——2002年国际汉语教学学术研讨会论文集.北京:北京大学出版社,2004.

王丽娟.汉语旁格述宾结构的语体鉴定及其语法机制[J].语言教学与研究,2018(6).

王培光.语体与修辞语感[J].当代修辞学,2012(6).

王停.现代汉语"以A为首"的多角度考察[J].常州工学院学报(社科版),2016(3).

王晓娜.第二语言语体能力的培养与教材虚拟语境的设置[J].汉语学习,2003(1).

王永娜.谈韵律、语体对汉语表短时体的动词重叠的制约[J].语言科学,2008(6).

王永娜.汉语表短时体的动词重叠的韵律机制和语体动因[J].汉语学习,2010(4).

王永娜.书面语体"V+向/往+NP"的构成机制及句法特征分析[J].华文教学与研究,2011a(3).

王永娜."NP+们"的书面正式语体功能成因分析[J].云南师范大学学报(对外汉语教学与研究版),2011b(5).

王永娜.书面语体"和"字动词性并列结构的构成机制[J].世界汉语教学,2012(2).

王永娜."NNVVN"、"VNN"、"VN的(N)"语体等级的鉴别[J].汉语学习,2015a(4).

王永娜.谈判断句的书面正式语体功能[J].河南科技大学学报(社会科学版),2015b(6).

王永娜.汉语合偶双音词[M].北京:北京语言大学出版社,2015c.

王永娜."长短""齐整"特征制约下的汉语动词的语体等级[J].语言教学与研究,2017(5).

王永娜,冯胜利.论"当""在"的语体差异——兼谈具时空、泛时空与超时空的语属性[J].世界汉语教学,2015(3).

王桢.留学生汉语语体转换能力考察与分析[D].复旦大学硕士学位论文,2012.

卫志强.语体特征与英语作文评分的关联度研究——以中国大学生限时说明文为例[J].绍兴文理学院学报(教育版),2017(1).

文秋芳.英语专业学生使用口语-笔语词汇的差异[J].外语与外语教学,2006(7).
文秋芳.学习者英语语体特征变化的研究[J].外国语(上海外国语大学学报),2009(4).
文秋芳,丁言仁,王文宇.中国大学生英语书面语中的口语化倾向——高水平英语学习者语料对比分析[J].外语教学与研究,2003(4).
吴春相.现代汉语介词结构的语体考察[J].当代修辞学,2013(4).
吴东英,秦秀白,吴柏基.香港报刊语言口语化的表现形式和功能[J].当代语言学,2004(3).
吴 瑾,邹 青.中国学生英语口笔语语体特征研究:词汇密度与词频[J].山东外语教学,2009(1).
徐 昉.中国学习者英语学术词块的使用及发展特征研究[J].中国外语,2012(4).
徐晶凝.对外汉语口语教学语法大纲的构建[J].语言教学与研究,2016(4).
徐静茜."是……的"句式的语气及语体色彩[J].当代修辞学,1985(1).
杨信彰.名词化在语体中的作用——基于小型语料库的一项分析[J].外语电化教学,2006(2).
杨永芳.英语书面语语体特征及中国学生英语语体意识的培养[J].西南农业大学学报(社会科学版),2010(3).
杨志棠.关于中高级阶段书面语教学[C]//《第五届国际汉语教学讨论会论文选》编辑委员会.第五届国际汉语教学讨论会论文选.北京:北京大学出版社,1997.
姚双云.口语中"所以"的语义弱化与功能扩展[J].汉语学报,2009(3).
姚双云.条件标记的语体差异及其功能解释[J].世界汉语教学,2014(4).
叶景烈.略论现代汉语书面语体[J].上海师范大学学报(哲学社会科学版),1990(2).
游汝杰.我看当代汉语[J].语言战略研究,2020(4).
袁 晖.二十世纪的汉语修辞学[M].太原:书海出版社,2000.
袁 晖.试谈语体句的研究[J].阜阳师范学院学报(社会科学版),2011a(4).
袁 晖.语体句谈片[J].毕节学院学报,2011b(9).
袁 晖,李熙宗主编.汉语语体概论[M].北京:商务印书馆,2005.
乐秀拔.语体的修辞色彩[J].语文知识,1959(10).
曾毅平.语体理论在对外汉语教学中的应用[J].修辞学习,2009(5).
张伯江.功能语法与汉语研究[J].语言科学,2005(6).
张伯江.语体差异和语法规律[J].修辞学习,2007(2).
张伯江.以语法解释为目的的语体研究[J].当代修辞学,2012(6).

张赪,李加鎏,申盛夏.学术汉语的词汇使用特征研究[J].语言教学与研究,2020(6).

张春玲.中高级阶段越南学生汉语语体偏误分析[D].广西民族大学硕士学位论文,2008.

张弓.现代汉语修辞学[M].天津:天津人民出版社,1963.

张建新.汉语口语常用格式例释[M].北京:北京语言大学出版社,2008.

张憬霞.高等HSK考试中学生书面语能力考察与分析[D].北京语言大学硕士学位论文,2009.

张文贤,邱立坤,宋作艳,陈保亚.基于语料库的汉语同义词语体差异定量分析[J].汉语学习,2012(3).

张莹.基于语体的对外汉语中高级听力教学模式初探[D].华东师范大学硕士学位论文,2005.

张豫峰."得"字句与语体的关系[J].河南大学学报(社会科学版),2000(1).

张正生.书面语定义及其教学问题初探[C]//冯胜利,胡文泽.对外汉语书面语教学与研究的最新发展:哈佛大学高年级对外汉语教学研讨会论文集.北京:北京语言大学出版社,2005.

赵金铭."说的汉语"与"看的汉语"[C]//赵金铭.汉语口语与书面语教学——2002年国际汉语教学学术研讨会论文集.北京:北京大学出版社,2004.

赵晓晖.多管齐下,培养学生的汉语语体能力[C]//郭鹏,沈庶英.汉语国际教育研究(第三辑).北京:北京语言大学出版社,2014.

赵雪,李平.语体研究方法回顾与瞻望——基于CNKI语体研究论文样本的统计分析[J].当代修辞学,2013(6).

赵宗飒,姚双云.从语体视角看"因为"、"由于"的差异性[J].当代修辞学,2016(1).

郑颐寿.辞章体裁风格学[M].广州:暨南大学出版社,2008.

郑远汉.语言研究中的几个问题[C]//中国华东修辞学会复旦大学语言文学研究所.语体论.合肥:安徽教育出版社,1987.

中国社会科学院语言研究所词典编辑室.现代汉语词典(第7版)[Z].北京:商务印书馆,2016.

周迟明.汉语修辞学的体系问题[J].山东大学学报(中国语言文学版),1959(4).

周芸,张婧.泰国学生汉语谈话语体能力习得调查[J].云南师范大学学报(对外汉语教学与研究版),2010(3).

周芸,张永芹.泰国学生汉语报道语体能力习得调查[J].云南师范大学学报(对外汉语教学与研究版),2010(2).

周　芸,张　婧,张永芹.泰国学生汉语语体能力培养措施研究[J].楚雄师范学院学报,2011(1).

周　芸,张永芹,张　婧.论泰国学生汉语语体能力培养的基本原则[J].云南师范大学学报(对外汉语教学与研究版),2011(2).

朱德熙.现代汉语语法研究的对象是什么?[J].中国语文,1987(5).

朱　军.汉语语体语法研究综述[J].汉语学习,2012(5).

朱　军,戴春蕾.基于语料库的有标并列短语语体适应性考察[J].学术探索,2012(5).

朱庆洪.恒常义时间副词的语体分化[J].当代修辞学,2017(4).

朱庆洪."屡屡"与"频频"的语体分化[J].新疆大学学报(哲学·人文社会科学版),2018(3).

主贵芝.留学生本科毕业论文中的语体特征和语体意识研究——以复旦大学留学生毕业论文为例[D].复旦大学硕士学位论文,2014.

宗世海.我国汉语教学模式的历史、现状和改革方向[J].华文教学与研究,2016(1).

Biber, D. Spoken and written textual dimensions in English: Resolving the contradictory findings[J]. Language,1986,62(2),384-414.

Biber, D. Variation across speech and writing[M]. Cambridge: Cambridge University Press,1988.

Biber,D. & Conrad, S. Register, genre, and style[M]. Cambridge: Cambridge University Press,2009.

Biber, D., Johansson, S., Leech, G., Conrad, S. & Finegan, E. Longman grammar of spoken and written English[M]. Harlow: Pearson Education, 1999.

Cobb, T. Analyzing late interlanguage with learner corpora: Québec replications of three European studies[J]. The Canadian Modern Language Review,2003,59(3),393-424.

Leech, G., Rayson, P. & Wilson, A. Word frequencies in written and spoken English: Based on the British National Corpus[M]. Harlow: Pearson Education, 2001.

Nunan, D.第二语言教学与学习[M].北京:北京师范大学出版社,2009.

Petch-Tyson, S. Writer/reader visibility in EFL written discourse[M]//Granger, S. (ed.). Learner English on computer. London and New York: Longman, 1998.

Poulisse, N. & Bongaerts, T. First language use in second language production[J].

Applied Linguistics,1994(15),36—57.

Ure, J. Lexical density and register differentiation[C]//Perren, G. E. & Trim, J. L. M. (eds.). Applications of linguistics: Selected papers of the second international congress of applied linguistics. Cambridge: Cambridge University Press, 1971.

Zhang, Z. S. A corpus study of variation in written Chinese[J]. Corpus Linguistics and Linguistic Theory,2012,8(1),209—240.

附录：语体特征来源表

语体特征	语体	来源
16个语言结构特征	区分不同语体	黄伟,刘海涛.汉语语体的计量特征在文本聚类中的应用[J].计算机工程与应用,2009(29).
当$_{虚构}$	文艺	王永娜,冯胜利.论"当""在"的语体差异——兼谈具时空、泛时空与超时空的语体属性[J].世界汉语教学,2015(3).
V+了$_1$+O 变成 V+了$_1$+O+了$_2$;"把"字句使用更多	口语	张伯江.以语法解释为目的的语体研究[J].当代修辞学,2012(6).
重叠多	口语	华玉明.汉语重叠理据(二)——重叠的制约因素[J].邵阳学院学报(社会科学),2002(3).
形容词主要用作谓语	口语	胡明扬.语体和语法[J].汉语学习,1993(2).
"得"字句	文艺	张豫峰."得"字句与语体的关系[J].河南大学学报(社会科学版),2000(1).
动词重叠;正反问;V个N	口语	王丽娟.汉语旁格述宾结构的语体鉴定及其语法机制[J].语言教学与研究,2018(6).

续表

语体特征	语体	来源
轻声;儿化;语气词	口语	崔嵘,陈薇,黄葳.从口语的自发走向书面语的自觉——基于语体学视角的小学四年级习作分析[J].语文建设,2018(28).
VN 的(N)	口语非正式	王永娜."NNVVN"、"VNN"、"VN 的(N)"语体等级的鉴别[J].汉语学习,2015(4).
V+N+V+XP;V+NP+去;V+个+X;V 来 V 去;V 什么 V!;V+了+老鼻子+NP;爱 V 不 V;V 够了	口语	王永娜."长短""齐整"特征制约下的汉语动词的语体等级[J].语言教学与研究,2017(5).
单音节词占比高	口语	刘艳春.基于树库的广播节目语体比较研究[J].语言教学与研究,2013(1).
因为	口语	赵宗飒,姚双云.从语体视角看"因为"、"由于"的差异性[J].当代修辞学,2016(1).
词汇密度小;句长短	口语	刘佳明.对外汉语访谈性语体研究及教学[D].南昌大学硕士学位论文,2018.
一共	文艺	谭晓娅.范围副词在文艺语体与科技语体中的使用情况考察[D].南京师范大学硕士学位论文,2018.
给(表被动)	口语	卢芸蓉,朱军.汉语被动句的语体适应性考察[J].周口师范学院学报,2013(6).
表短时体的动词重叠	非正式	王永娜.汉语表短时体的动词重叠的韵律机制和语体动因[J].汉语学习,2010(4).

续表

语体特征	语体	来源
量词与代词结合	口语	刘丙丽,牛雅娴,刘海涛.汉语词类句法功能的语体差异研究[J].语言教学与研究,2013(5).
语气词;第一/第二人称代词;介词"用";介词"跟"	倾向于口语	马明艳.汉语学习者书面语作文"口语化"倾向的语体表征[J].汉语学习,2017(1).
从来(低阶列语体词)	口语	朱庆洪.恒常义时间副词的语体分化[J].当代修辞学,2017(4).
对,好,好的,对不对,第二,是吧,另外,所以,第一,对吧	口语	阚明刚,侯敏.话语标记语体对比及其对汉语教学的启示[J].语言教学与研究,2013(6).
高频词覆盖率	口语比书面语高	宋婧婧.基于传媒语料库的汉语语体词汇比较研究[J].长沙大学学报,2015(6).
在	口语非正式	王永娜,冯胜利.论"当""在"的语体差异——兼谈具时空、泛时空与超时空的语体属性[J].世界汉语教学,2015(3).
体标记	小说	杨素英,黄月圆.体标记在不同语体中的分布情况考察[J].当代语言学,2013(3).
条件标记	口语	姚双云.条件标记的语体差异及其功能解释[J].世界汉语教学,2014(4).
状语位置的介词结构;把,被,叫,让,对,打,到,往,当,跟,给,顺着,沿着,随着,为着,为了,除了	倾向口语	吴春相.现代汉语介词结构的语体考察[J].当代修辞学,2013(4).

续表

语体特征	语体	来源
别说	口语	刘永华,高建平.汉语口语中的话语标记"别说"[J].语言与翻译,2007(2).
所以	口语	姚双云.口语中"所以"的语义弱化与功能扩展[J].汉语学报,2009(3).
双音节词占优势	口语	曹炜.现代汉语口语词和书面语词的差异初探[J].语言教学与研究,2003(6).
单音动词	口语	骆健飞.韵律、语体、语法:汉语动词辨析及教学的新视角[J].云南师范大学学报(对外汉语教学与研究版),2015(1).
比喻辞格	文艺	郭其智.比喻辞格在不同语体中的差异考察[J].安徽农业大学学报(社会科学版),2007(4).
俗语	口语	谭汝为.词语选择与语体修辞[J].毕节学院学报,2009(5).
真	口语	来思平.现代汉语副词"真"和"很"的用法辨析[J].北京科技大学学报(社会科学版),1999(2).
又(不、没)	口语	彭小川.副词"并"、"又"用于否定形式的语义、语用差异[J].华中师范大学学报(人文社会科学版),1999(2).
你想想,比如说	谈话	孟晓亮,侯敏.话语标记的语体特征研究及应用[J].中文信息学报,2009(4).
不料,老实说	文艺	孟晓亮,侯敏.话语标记的语体特征研究及应用[J].中文信息学报,2009(4).
量词比例高	谈话	刘艳春.基于"树库"的语体比较计量研究——以中央电视台《百家讲坛》《面对面》为例[J].广西社会科学,2012(12).

续表

语体特征	语体	来源
单音节词占比高	口语	刘艳春.基于"树库"的语体比较计量研究——以中央电视台《百家讲坛》《面对面》为例[J].广西社会科学,2012(12).
跟	口语倾向	朱军,戴春蕾.基于语料库的有标并列短语语体适应性考察[J].学术探索,2012(5).
"的"字短语;无主句;程度补语;固定格式;追加;省略;紧缩;口语词/短语	口语	李泉.基于语体的对外汉语教学语法体系构建[J].汉语学习,2003(3).
把……给;让……给;要＋多＋A＋有＋多＋A;A就A得了	口语	林文金.略谈句式的语体色彩[J].上海师范大学学报(哲学社会科学版),1983(1).
你看,你听	谈话	袁晖.试谈语体句的研究[J].阜阳师范学院学报(社会科学版),2011(4).
动词重叠	口语非正式	王永娜.谈韵律、语体对汉语表短时体的动词重叠的制约[J].语言科学,2008(6).
感叹词;语气助词;第一和第二人称代词	口语	吴东英,秦秀白,吴柏基.香港报刊语言口语化的表现形式和功能[J].当代语言学,2004(3).
语气词;轻声儿化;惯用语;口语句式	非正式	崔希亮.正式语体和非正式语体的分野[J].汉语学报,2020(2).
少用定语形容词,多用谓语形容词;多用状语形容词	口语	王景丹.口语语体形容词的运用规律[J].云南师范大学学报(对外汉语教学与研究版),2006(1).
动词重叠	口语	刘世亮.从不同语体看现代汉语动词重叠的不平衡性[D].西北师范大学硕士学位论文,2012.

续表

语体特征	语体	来源
单、双音节同义词	口语倾向于单音节;书面语倾向于双音节	张文贤,邱立坤,宋作艳,陈保亚.基于语料库的汉语同义词语体差异定量分析[J].汉语学习,2012(3).
嵌偶词;合偶词;古句式	典雅	崔嵘,陈薇,黄葳.从口语的自发走向书面语的自觉——基于语体学视角的小学四年级习作分析[J].语文建设,2018(28).
NNVVN	书面正式	王永娜."NNVVN"、"VNN"、"VN 的(N)"语体等级的鉴别[J].汉语学习,2015(4).
NP+们	书面正式	王永娜."NP+们"的书面正式语体功能成因分析[J].云南师范大学学报(对外汉语教学与研究版),2011(5).
屡屡,频频	实用正式	朱庆洪."屡屡"与"频频"的语体分化[J].新疆大学学报(哲学·人文社会科学版),2018(3).
N 的 V	正式	王永娜."长短""齐整"特征制约下的汉语动词的语体等级[J].语言教学与研究,2017(5).
双音节词比例高	书卷	刘艳春.基于树库的广播节目语体比较研究[J].语言教学与研究,2013(1).
由于	书面语	赵宗飒,姚双云.从语体视角看"因为"、"由于"的差异性[J].当代修辞学,2016(1).
词汇密度大;句长长	书面语	刘佳明.对外汉语访谈性语体研究及教学[D].南昌大学硕士学位论文,2018.

续表

语体特征	语体	来源
共	科技	谭晓娅.范围副词在文艺语体与科技语体中的使用情况考察[D].南京师范大学硕士学位论文,2018.
被……所/为……所	散文、学术	卢芸蓉,朱军.汉语被动句的语体适应性考察[J].周口师范学院学报,2013(6).
介词"以";介词"与"	倾向于书面语	马明艳.汉语学习者书面语作文"口语化"倾向的语体表征[J].汉语学习,2017(1).
历来(高阶列语体词)	书面语	朱庆洪.恒常义时间副词的语体分化[J].当代修辞学,2017(4).
此外,据了解,请看报道,不过,另外,为此,因此,据悉,据介绍,随后	书面语	阚明刚,侯敏.话语标记语体对比及其对汉语教学的启示[J].语言教学与研究,2013(6).
合偶双音词;低频词覆盖率;词汇变化性;词汇密度	书面语比口语高	宋婧婧.基于传媒语料库的汉语语体词汇比较研究[J].长沙大学学报,2015(6).
当现实	书面正式	王永娜,冯胜利.论"当""在"的语体差异——兼谈具时空、泛时空与超时空的语体属性[J].世界汉语教学,2015(3).
文言格式;欧化格式	书面正式	卢芸蓉,朱军.论汉语书面正式语体内部"开放—保守"的差异性特征[J].湖南科技大学学报(社会科学版),2014(3).
A+V(P)于+B;介词+NP+VP	学术	卢芸蓉,朱军.论汉语书面正式语体内部"开放—保守"的差异性特征[J].湖南科技大学学报(社会科学版),2014(3).
判断句	书面正式	王永娜.谈判断句的书面正式语体功能[J].河南科技大学学报(社会科学版),2015(6).

续表

语体特征	语体	来源
补语位置的介词结构;自,以,于,令,因,与,依,自从,按照,关于,对于,由于,除非,依照,通过	倾向书面语	吴春相.现代汉语介词结构的语体考察[J].当代修辞学,2013(4).
只见	书面语	董秀芳.汉语书面语中的话语标记"只见"[C]//南开大学文学院、汉语言文化学院.南开语言学刊(第2期),北京:商务印书馆,2007.
其	书面语	孙德金.现代汉语书面语中的代词"其"[J].语言教学与研究,2010(2).
"关于"话题句;"关于"不能省略	学术、新闻	李秉震.语体视角下"关于"的语用功能研究[J].中国语文,2016(2).
"关于"话题句;"关于"可以省略	小说	李秉震.语体视角下"关于"的语用功能研究[J].中国语文,2016(2).
双音动词	书面语	骆健飞.韵律、语体、语法:汉语动词辨析及教学的新视角[J].云南师范大学学报(对外汉语教学与研究版),2015(1).
判断动词"是";存在动词"有"	科学	程恒.艺术语体与科学语体状中短语差异研究[D].暨南大学硕士学位论文,2008.
N 的 V	书面	马国彦."N 的 V"短语的形成机制、语体特征及其修辞运用[J].毕节学院学报,2011(9).
对于/关于 NP	非对话体	朱军,卢芸蓉.语体与语法关系:制约与变量[J].云南师范大学学报(对外汉语教学与研究版),2013(4).
是……的	书面	徐静茜."是……的"句式的语气及语体色彩[J].当代修辞学,1985(1).

续表

语体特征	语体	来源
成语	书面语	谭汝为.词语选择与语体修辞[J].毕节学院学报,2009(5).
名词化;高词密度;被动语态;无灵主语句	(英语)书面语	楚建伟,高云.概念语法隐喻与英语书面语语体意识的培养[J].西安外国语大学学报,2014(3).
据报道,据悉	新闻	孟晓亮,侯敏.话语标记的语体特征研究及应用[J].中文信息学报,2009(4).
众所周知,简言之	科技	孟晓亮,侯敏.话语标记的语体特征研究及应用[J].中文信息学报,2009(4).
双音节词占比高	书卷	刘艳春.基于"树库"的语体比较计量研究——以中央电视台《百家讲坛》《面对面》为例[J].广西社会科学,2012(12).
并,(而/并)且,而(又),(以)及,与,同	书面语倾向	朱军,戴春蕾.基于语料库的有标并列短语语体适应性考察[J].学术探索,2012(5).
书面介词、代词;文言虚词;书面复句格式;书面惯用语和固定套语;书面词语/成语	书面语	李泉.基于语体的对外汉语教学语法体系构建[J].汉语学习,2003(3).
文言词语(包括成语典故);并列词语;名词性非主谓句	书面	叶景烈.略论现代汉语书面语体[J].上海师范大学学报(哲学社会科学版),1990(2).
……为……所……;莫非……不成;予以(予,加以)+双音节动词;以……为+形容词(形容词性词组)	书面语	林文金.略谈句式的语体色彩[J].上海师范大学学报(哲学社会科学版),1983(1).

续表

语体特征	语体	来源
名词化	（英语）正式	杨信彰.名词化在语体中的作用——基于小型语料库的一项分析[J].外语电化教学,2006(2).
简言之,换言之	科技	袁晖.试谈语体句的研究[J].阜阳师范学院学报(社会科学版),2011(4).
V+向/往+NP	书面正式	王永娜.书面语体"V+向/往+NP"的构成机制及句法特征分析[J].华文教学与研究,2011(3).
"和"字动词性并列结构	书面	王永娜.书面语体"和"字动词性并列结构的构成机制[J].世界汉语教学,2012(2).
不用或少用问号;忌用感叹号;一般不用省略号	科技	林毓霞.书面语体与标点符号[J].当代修辞学,1987(3).
插说成分;句中符号	科技	袁晖.语体句谈片[J].毕节学院学报,2011(9).
实词(名、动、形)较多;第一、二人称代词占比低,第三人称代词占比高	书面	王培光.语体与修辞语感[J].当代修辞学,2012(6).
形容词主要用作定语	书面语	胡明扬.语体和语法[J].汉语学习,1993(2).
"把"字句	论说	张静.从"把"字句和"将"字句的语用分布看语体类型[J].高等函授学报(哲学社会科学版),2001(1).
"对"字句	公文	王景丹.谈语体与"对"字句的适应关系[J].修辞学习,2001(3).

续表

语体特征	语体	来源
句长;文言成分;文言句式;成语;谦敬词语;结构复杂度;整合度	正式	崔希亮.正式语体和非正式语体的分野[J].汉语学报,2020(2).
非计量"一＋量词"	书面正式	王永娜.非计量"一＋量词"语法功能与语体构成机制[J].汉语学习,2012(6).
少用语气词	公文	袁晖.试谈语体句的研究[J].阜阳师范学院学报(社会科学版),2011(4).
比喻辞格	口头、文艺	李济中.比喻与各种语体[J].当代修辞学,1989(4).
句子短;代词多,尤其是第一人称代词;语篇虚词多	(英语)口语	马广惠.英语口语体的语言特征分析——基于口语语料的研究[J].外语与外语教学,2004(10).
代词比例高;形容词比例低	(英语)口语	Biber, D. & Conrad, S. Register, genre, and style [M]. Cambridge: Cambridge University Press, 2009.
第一人称、第二人称代词;模糊词;强调小品词;缩略式;动词;副词;连词	(英语)口语	文秋芳.学习者英语语体特征变化的研究[J].外国语(上海外国语大学学报),2009(4).
名词少;人称代词多	(英文)小说	Biber, D. & Conrad, S. Register, genre, and style [M]. Cambridge: Cambridge University Press, 2009.
动词、第一人称代词、第二人称代词最多	(英语)短消息	Biber, D. & Conrad, S. Register, genre, and style [M]. Cambridge: Cambridge University Press, 2009.
动词词汇多	(英语)学术	Biber, D. & Conrad, S. Register, genre, and style [M]. Cambridge: Cambridge University Press, 2009.

续表

语体特征	语体	来源
第三人称单复数;被动语态;名词;介词;形容词;限定词;词汇复杂性;词汇多样性	(英语)书面语	文秋芳.学习者英语语体特征变化的研究[J].外国语(上海外国语大学学报),2009(4).
词汇密度高	(英语)正式	杨信彰.英语书面语体中的词汇密度特征[J].解放军外国语学院学报,1995(3).
名词;长词;介词	(英语)学术	雷秀云,杨惠中.基于语料库的研究方法及 MD/MF 模型与学术英语语体研究[J].当代语言学,2001(2).
连接词;无 by 被动态;过去分词短语;有 by 被动态	(英语)学术	雷秀云,杨惠中.基于语料库的研究方法及 MD/MF 模型与学术英语语体研究[J].当代语言学,2001(2).
被动态、名词化共现	(英语)正式	雷秀云,杨惠中.基于语料库的研究方法及 MD/MF 模型与学术英语语体研究[J].当代语言学,2001(2).
名词化	(英语)科技	蒋艳.名词化的语体研究[J].长春理工大学学报,2012(1).

后 记

借着写后记的机会,反思一下自己从教以来的经历还是有益的。2002年我从南开大学硕士毕业开始在北大从事汉语教学工作,至今已快20年了。回顾我的科研经历,绝大部分时间都是关注对外汉语教学相关研究。工作之后发表的第一篇小论文《对外汉语口语教材的话题选择》选题来自教学实践,之后所研究的强调范畴、教师信念、教学模式、语体等问题,看似兴趣广泛,其实都是从教学实践、从现实问题出发进行的研究。对外汉语教学是应用型交叉学科,教学中遇到困惑或有意思的问题转而去研究应该是最自然的事情。导师李宇明先生曾谈到:"'问题'二字最为重要。……科研不是无病呻吟,不是拾人牙慧,更不是拷贝自己和他人的成果,而是解决问题,特别是解决社会发展中的重大问题和学科建设中的重大问题。'问题意识'是最重要的素养。"对李宇明先生的这一观点,我无比赞同。对外汉语教学在各高校不太受重视,其原因是多方面的,但主要可能在于学科建设及科研力量比较弱,往往不太重视解决教学实践中的问题,不太重视解决学科发展中遇到的问题,研究成果少,且存在理论与实践"两张皮"现象,研究与教学无关。

自2009年发表《中级综合汉语教材语体不对应研究》以来,我的关注重点转向汉语语体。2016年成功申请到了教育部项目,既有动力,也有压力。这次终于赶在最终期限前完成结项,长舒了一口气。平时琐事太多,如果没有项目的支持,估计不会有本书的出版。有得必有失,虽然行政琐事影响了科研,但是看到北大对外汉语教学有了发展也感到很欣慰。

感谢申丹教授、赵杨教授将拙作纳入"北京大学人文学科文库",感谢北京大学出版社给予的支持！特别感谢李宇明先生在课题进行过程中给予的指导和帮助。感谢先生百忙之中通读了书稿并作序,序中提出的观点既有高度又有深度,值得进一步思考。先生在为人、为学方面一直是我的榜样,他的家国情怀感动着学界,他的学术思想引领着学界。也要感谢白丰兰师母,她经常牵挂着我的工作、科研与家庭,给予我很多帮助与关爱。

感谢北外熊文新教授、许家金教授,北航梁茂成教授,北师大丁崇明教授,北语邢红兵教授,北大杨德峰教授、辛平教授在项目完成过程中给予的帮助。感谢华雨博士无私分享的语料库,感谢博士生宫雪在语料处理过程中提供的帮助。最后要特别感谢本书的责任编辑孙艳玲,她以极其专业的视角,高度负责的精神,提出了许多中肯的建议,使本书增色不少。诚挚欢迎学界同人对拙作批评、指正,也期待着更多的学者关注汉语二语教学中的语体问题。

汲传波

于北大方李邦琴楼

北大对外汉语研究丛书

赵 杨 主编

1. 杨德峰:《趋向补语认知和习得研究》
2. 王海峰:《语言结构异态形式功能研究》
3. 汲传波:《汉语二语者书面语体习得研究》
4. 刘元满:《汉语作为外语在美国发展的综合研究》
5. 王添淼:《国际比较视角下的国际中文教师专业发展模式研究》
6. 李海燕:《基于语料库的汉语作为第二语言虚词运用特征研究》
7. 赵杨:《汉语作为第二语言界面关系习得研究》
8. 张雁:《汉语词化模式研究》
9. 邓丹:《汉语语音习得研究》
10. 张英:《汉语国际教育中的文化教学与传播研究》
11. 汲传波:《基于语料库的学术汉语语言特征研究》
12. 张海威:《汉语字词量测试研究》
13. 王添淼:《国际中文教师教育理论与实践》